Dringliche Wirtschaftsfragen

Heft 3

Der Giroverkehr der deutschen Sparkassen

von

Dr. v. Wagner
Oberbürgermeister zu Ulm a. D.,
Vorsitzenden der Girokommission
des deutschen Sparkassenverbandes

Leipzig — Verlag von Veit & Comp. — 1916

Der Giroverkehr der deutschen Sparkassen

von

Oberbürgermeister Dr. v. Wagner
Ulm a. D.,
Vorsitzenden der Girokommission
des deutschen Sparkassenverbandes

Leipzig ▫ Verlag von Veit & Comp. ▫ 1916

Druck von Metzger & Wittig in Leipzig

I.

Geschichtliches.

Welcher Wertschätzung sich das Silber noch in der zweiten Hälfte des vorigen Jahrhunderts als Zahlungsmittel erfreut hat, darüber hat mir vor Jahren ein alter Freund ein interessantes Geschichtchen erzählt. Ein Bankier aus dem Schwabenlande hatte zwei adlige Schwiegersöhne, denen er alljährlich eine Rente ausbezahlte. Zu einer genau bestimmten Stunde bestellte er dieselben auf einen jährlich gleichbleibenden Tag in ein Gasthaus der schwäbischen Residenzstadt, wo er ihnen die vereinbarten, erheblichen Summen stets in blanken Silbertalern aushändigte. Es war weniger die Vorliebe für die Silberwährung, die den alten Bankmann zu der genannten Zahlungsweise veranlaßte, als vielmehr die immer wieder wahrzunehmende Gelegenheit, den Schwiegersöhnen vor Augen zu führen, wie schwer es ihm geworden sei, im Laufe seines Lebens all die schweren Silberstücke zu erwerben und wie sehr der Anblick des gemünzten Silbers zu sparsamem Gebrauch desselben anzuregen geeignet sei.

Immerhin zeigt der Vorgang, wie umständlich noch vor verhältnismäßig kurzer Zeit sich selbst zwischen Bankleuten und ihren Gläubigern der Zahlungsverkehr vollzogen hat.

In der Tat ist Deutschland Jahrhunderte lang gegenüber anderen Ländern in der Vereinfachung des Verkehrs mit Zahlungsmitteln zurückgeblieben, nur die Hamburger Girobank (1619) und die Nürnberger Girobank (1621) bilden eine Ausnahme. Die von Friedrich dem Großen im Jahre 1765 zur Hebung des Handels gegründete „Königliche Giro- und Lehnbank in Berlin" und die im Jahre 1766 errichtete gleichartige Bank in Breslau hatten schon 2 Jahre nach ihrem Entstehen den Giroverkehr wieder aufgegeben.

1*

Dagegen findet sich der Giroverkehr schon im alten Rom und ferner im Mittelalter in einer Reihe italienischer Städte; eine besonders kräftige, aber ungesunde Entwicklung hatten die Giro-Bankgeschäfte in Venedig im 14.—16. Jahrhundert genommen und zwar anfangs auf privater Grundlage.

Im Laufe der Zeit stellten sich mancherlei Mißstände und empfindliche Schädigungen des Volksvermögens heraus, so daß eine starke Staatsaufsicht Platz greifen mußte.

Weil auch die letztere sich als unzulänglich gegenüber den zu Tage getretenen Mißständen erwies, wurden die genannten Privatbanken in Venedig ganz verboten und es entstand daselbst im Jahre 1587 eine öffentliche oder Staats-Girobank, der Banco di Rialto, dem sich im Jahre 1619 ein zweites gleichartiges Institut, der Banco Giro, zugesellte. Der letztere ist später allein bestehen geblieben und im Jahre 1808 aufgehoben worden.[1]

In Holland und England hat sich der Giroverkehr schon im vorletzten und letzten Jahrhundert in überaus großem Maßstab unter Anwendung des gewöhnlichen Schecks und des Clearing (organisierte Ausgleichung von Zahlungen bezw. Forderungen und Gegenforderungen unter mehr als zwei Personen durch Abrechnungsstellen) entwickelt. In Amerika ist das erste Clearing-Haus in New York 1853 gegründet worden, in Melbourne (Australien) 1867, in Paris die Chambre de compensation des banquiers 1872, in Japan 1879, in Italien 1881, in Deutschland (Berliner Kassaverein) 1850 und ferner 1883. Im letztgenannten Jahre traf die Deutsche Reichsbank ein Abkommen mit den größeren Berliner Banken, infolgedessen am 2. April 1883 eine Abrechnungsstelle ins Leben trat, der sich im gleichen Jahre je eine solche in Frankfurt, Stuttgart, Köln, Leipzig, Dresden, Hamburg, im Jahre 1884 in Breslau und Bremen, 1893 in Elberfeld, 1902 in Chemnitz und 1905 in Dortmund hinzugesellte. Die Reichsbank fördert diese Einrichtungen, sie leitet die Abrechnung, nimmt selbst als Mitglied Teil und bildet die für die Mitglieder gemeinsame Girostelle der bei der Abrechnung unausgeglichenen Beträge.

Ein solches Abrechnungsverfahren wird auch an der Börse, bei den Eisenbahnen und Posten angewendet.

---

[1] Nasse (in J. f. N. 34, S. 332) über Venedig.

Im übrigen wird im Ausland der Giroverkehr noch gepflegt: in Frankreich von der Bank in Frankreich, in Belgien von der belgischen Nationalbank, in Österreich durch die Postsparkassen (1883) und die österreich-ungarische Bank.

War Deutschland in der Pflege des bargeldlosen Verkehrs gegenüber dem Ausland vordem sehr erheblich zurückgeblieben, so ist es seit der Gründung der Deutschen Reichsbank (1. Januar 1876) auf diesem Gebiete an die erste Stelle der „sogenannten" zivilisierten Länder getreten.

In § 13 Absatz 1 Ziffer 7 des deutschen Bankgesetzes sind die grundlegenden Bestimmungen über den Giroverkehr der Reichsbank folgendermaßen getroffen:

„Die Reichsbank ist befugt, folgende Geschäfte zu betreiben:

7. verzinsliche und unverzinsliche Gelder im Depositengeschäft und im Giroverkehr anzunehmen usw. usw.

Welchen Umfang die Umsätze der Reichsbank im Giroverkehr der Privaten seit dem Tage ihres Bestehens bis zum 31. Dezember 1915 angenommen haben, zeigen nachstehende, dem Verwaltungsbericht der Reichsbank für das Jahr 1915 entnommene Zahlen:

Jahr:	Umsätze im Giroverkehr der Privaten:			
1876	16711245213	Mk.	53	Pf.
1877	27022029088	„	21	„
1878	27291913192	„	30	„
1879	30410202836	„	07	„
1880	35234255341	„	22	„
1881	37458776454	„	20	„
1882	36190142131	„	35	„
1883	43793609269	„	72	„
1884	52637790380	„	31	„
1885	53847522095	„	20	„
1886	57229843053	„	01	„
1887	58843133481	„	75	„
1888	63824976889	„	37	„
1889	75676319016	„	83	„
1890	79749501623	„	72	„
1891	81012777470	„	15	„
1892	78215087186	„	47	„
1893	82363270297	„	83	„

Jahr:	Umsätze im Giroverkehr der Privaten:			
1894	84449559098	Mk.	55	Pf.
1895	93698268775	„	39	„
1896	98249164424	„	87	„
1897	103902570704	„	20	„
1898	120828029098	„	96	„
1899	131501117495	„	33	„
1900	135159940708	„	50	„
1901	136288750664	„	01	„
1902	135468606080	„	07	„
1903	141543786653	„	50	„
1904	153833862918	„	70	„
1905	178572654949	„	63	„
1906	194432633159	„	90	„
1907	207179650496	„	85	„
1908	210181961632	„	51	„
1909	225105163092	„	58	„
1910	239278106624	„	17	„
1911	260983290892	„	41	„
1912	287567142679	„	70	„
1913	287090035376	„	60	„
1914	302929304959	„	37	„
1915	439333247908	„	08	„

Auf Girokonten sind bei der Reichsbank im Jahre 1915 vereinnahmt:

1. bei den Reichsbankanstalten .	174448809487	Mk.	64	Pf.
2. bei der Reichshauptbank . .	241822339567	„	78	„
zusammen	416271149055	Mk.	42	Pf.

verausgabt:

1. bei den Reichsbankanstalten .	1390379692	Mk.	82	Pf.
2. bei der Reichshauptbank . .	712754074	„	08	„
zusammen	2103133766	Mk.	90	Pf.

Die Zahl der Girokonto-Inhaber betrug im genannten Jahre

1. bei den Reichsbankanstalten	27654
2. bei der Reichshauptbank	1606
zusammen	29260

im Jahre 1877 belief sich die Zahl der Girokonto-Inhaber auf 3245, im Jahr 1892 auf 9626.

Von Behörden und Personen, welche kein Girokonto haben, sind für Girokunden an anderen Plätzen

		1914:
bar eingezahlt . .	Mk. 12738619845,97	(Mk. 4085725587,99)
Unter Hinzunahme d. Übertragungen zwischen Girokunden an verschiedenen Bankplätzen von	Mk. 108848609005,08	(Mk. 65791939331,78)
beträgt die Summe d. Übertragungen zwischen Bankplätzen	Mk. 121587228851,05	(Mk. 69877664919,77)
Nach Hinzurechnung des am 1. Januar 1915 verbliebenen Bestandes von .	Mk. 212416753,76	
ergeben sich . . .	Mk. 121799645604,81	
Hiervon sind im Jahre 1915 zur Gutschrift gelangt	Mk. 121554378965,45	(Mk. 69852810437,41)

Bei den Giroübertragungen war

der höchste Bestand .	Mk. 1491907000	am 30. September,
der niedrigste . . .	„ 155118000	am 30. Juni,
der durchschnittliche .	„ 306296000	(1914: Mk. 203566000)

In den „Allgemeinen Bestimmungen über den Geschäftsverkehr mit der Reichsbank“ sind genaue Anweisungen über den Giroverkehr enthalten. Um ihrer grundlegenden Bedeutung willen sollen sie hier angeführt werden:

„VIII. Giroverkehr.

Der Giroverkehr ist für alle Klassen der Bevölkerung gleichmäßig bestimmt. Privatpersonen wird ein Girokonto ebensogut eingeräumt wie Kaufleuten, Anstalten, Behörden. Firmen oder ihren Zweigniederlassungen aber nur dann, wenn sie handelsgerichtlich eingetragen sind.

A. Der unbeschränkte Giroverkehr.

Der unbeschränkte Giroverkehr — im Gegensatz zum beschränkten — findet bei der Reichshauptbank, den Reichsbankhauptstellen, Reichsbankstellen und einem Teil der Reichsbanknebenstellen statt, und zwar mit folgenden

Bestimmungen

1. Die Anträge auf Eröffnung eines Kontos sind an diejenige Reichsbankanstalt zu richten, zu deren Bezirk der Antragsteller seinem Wohnsitz nach gehört.

2. Wird der Antrag genehmigt, so erhält der Antragsteller außer den nötigen Formularen ein Kontogegenbuch, in welches seitens der Reichsbank alle von ihm oder für ihn bar oder durch Verrechnung eingehenden Gelder eingetragen werden. Andere Bescheinigungen werden nicht erteilt.

3. Bare Einzahlungen, angekaufte Wechsel und erteilte Lombarddarlehne, ferner Wechsel und Schecks, welche bei der das Konto führenden Reichsbankanstalt zahlbar und gehörig gedeckt sind, werden dem Girokonto sofort gutgeschrieben.

4. Über sein Guthaben kann der Kontoinhaber in beliebigen Teilbeträgen jederzeit verfügen, aber, abgesehen von den Bestimmungen unter Nr. 8, nur durch Schecks auf Formularen, welche ihm die Reichsbank geliefert hat. Verfügungen anderer Art werden nicht beachtet.

5. Bare Abhebungen erfolgen durch weiße Schecks, welche auf eine bestimmte Person oder Firma mit dem Zusatze „oder Überbringer" lauten. Die Reichsbank zahlt den Betrag an den Überbringer ohne Legitimationsprüfung, auch wenn der Scheck an eine bestimmte Person giriert ist.

Soll der Scheck nur zur Verrechnung mit der Reichsbank oder einem Kontoinhaber benutzt werden, so muß er gekreuzt, d. h. auf der Vorderseite mit dem quer über den Text geschriebenen oder gedruckten Vermerke versehen werden: „Nur zur Verrechnung". In diesem Falle darf die Reichsbank den Betrag nicht bar auszahlen.

Zu Übertragungen auf Konten an demselben oder an einem anderen Bankplatz sind die roten Scheckformulare bestimmt. Sie müssen auf den Namen gestempelt werden und sind nicht übertragbar.

Das Guthaben haftet der Reichsbank für ihre Forderungen aus allen Geschäftszweigen. Sie darf dagegen auch solche Forderungen aufrechnen, welche noch nicht fällig sind.

6. Alle die Ausführung eines Giroauftrags betreffenden Ansprüche der Kontoinhaber gegen die Reichsbank verjähren in zwei Jahren. Die Verjährung beginnt mit dem Schlusse des Jahres, in welchem der Auftrag der Reichsbank zugegangen ist.

7. Die Scheckformulare werden jedem Kontoinhaber nach Bedarf in Heften von mindestens 50 Stück gegen Quittung von der Reichsbank geliefert. Er ist verpflichtet, die Formulare sorgfältig aufzubewahren und trägt alle Folgen und Nachteile, welche aus dem Verluste oder sonstigen Abhandenkommen dieser Formulare entstehen, wenn er nicht die sein Konto führende Bankanstalt rechtzeitig von dem Abhandenkommen schriftlich benachrichtigt hat, um die Zahlung an einen Unberechtigten zu verhindern.

Ebenso ist der Kontoinhaber der Reichsbank dafür verantwortlich, wenn er die in den Scheckformularen offen gelassenen Stellen nicht so ausfüllt, daß eine Fälschung unmöglich ist, oder wenn er von der auf der rechten Seite der weißen Schecks befindlichen Zahlenreihe nicht diejenigen Zahlen vor der Ausgabe abtrennt, welche den Betrag des Schecks übersteigen. Schecks, welche geschriebene Zusätze zwischen den vorgedruckten Zeilen enthalten, werden zurückgewiesen.

Verdorbene Scheckformulare sind, mit dem Firmastempel oder Namen des Kontoinhabers versehen, an die Reichsbank zurückzuliefern.

8. Wechsel, aus welchen ein Kontoinhaber zu einer Zahlung verpflichtet ist, sind bei der Reichsbank oder einem anderen Bankhause, welches mit der Reichsbank ausweislich des bei ihr aufgelegten Verzeichnisses in täglicher Abrechnung steht, zahlbar zu machen und rechtzeitig zu avisieren. Im Besitze der Reichsbank befindliche Wechsel, welche weder bei ihr noch einem der in diesem Verzeichnisse genannten Bankhäuser zahlbar gemacht oder nicht rechtzeitig avisiert sind, müssen bar bezahlt werden.

Eingelöste Papiere werden dem Kontoinhaber gegen Empfangsbescheinigung ausgeliefert.

9. Verfügt der Kontoinhaber über mehr, als sein Guthaben beträgt, so lehnt die Reichsbank nicht nur die Zahlung ab, sondern

behält sich auch vor, den Verkehr mit ihm sofort gänzlich abzubrechen. Verfügt er über sein ganzes Guthaben, so drückt er damit die Absicht aus, sein Konto zu schließen. Bei Schließung des Kontos sind sämtliche unbenutzt gebliebenen Scheckformulare an die Reichsbank zurückzuliefern.

10. Die Girogelder werden nicht verzinst.

11. Die Kontogegenbücher sind möglichst oft, aber jedenfalls am 4. jeden Monats (mit Ausnahme des 4. Januar) und am 28. Dezember abgeschlossen einzureichen.

12. Die Reichsbank erwartet, daß die Kontoinhaber von den ihnen vorstehend unter Nr. 8 eingeräumten Befugnissen regelmäßig Gebrauch machen und ein der Mühewaltung entsprechendes bares Guthaben halten werden. Sie behält sich das Recht vor, den Vertrag ohne weiteres durch schriftliche Benachrichtigung aufzuheben, wenn der Erwartung nicht entsprochen wird, oder wenn sie aus anderen Gründen die Aufhebung für angemessen erachtet.

Außerdem können die vorstehenden Bestimmungen nach 14 Tagen vorhergegangener öffentlicher Ankündigung in den nach § 30 des Reichsbankstatuts bestimmten Blättern jederzeit abgeändert werden.

13. Vor Eröffnung des Kontos hat sich der Kontoinhaber mit diesen Bestimmungen durch Vollziehung des unter denselben vorgedruckten Vermerks einverstanden zu erklären. Die Unterschriften der übrigen Personen, welche als Geschäftsteilhaber oder sonst zur Zeichnung des Namens oder der Firma des Kontoinhabers berechtigt sind, müssen bei der Reichsbank niedergelegt werden. Für Prokuristen oder Bevollmächtigte sind außerdem besondere Vollmachten nach den bei der Reichsbank eingeführten Formularen niederzulegen. Alle der Reichsbank mitgeteilten Unterschriften und Vollmachten bleiben so lange gültig, bis der das Konto führenden Bankanstalt schriftlich von dem Erlöschen Anzeige gemacht worden ist.

Anhang.

a) Postanweisungsverkehr. Für Girokontoinhaber eingehende Postanweisungen können auf Girokonto gutgeschrieben und Beträge für abzusendende Postanweisungen durch Überweisung auf das Girokonto des betreffenden Postamts beglichen werden. In beiden Fällen sind die Anträge an das zuständige Postamt zu richten. Besondere Kosten erwachsen dabei nicht.

b) Postscheckverkehr. Beträge, die auf den Postscheckkonten der Reichsbank mit dem Auftrage zur Gutschrift auf das Konto eines Girokontoinhabers eingehen, werden nach Abzug einer Gebühr von $^1/_{10}$ $^0/_{00}$ — mindestens 0,30 Mk. — dessen Girokonto gutgeschrieben (oder auch überwiesen, wenn der Kontoinhaber nicht am Sitze einer Reichsbankanstalt ansässig ist).

Inhaber von Reichsbankgirokonten, die auch ein Postscheckkonto unterhalten, können bei sämtlichen Bankanstalten durch Einreichung eines entsprechend ausgefüllten roten Schecks den Antrag stellen, Teile ihres Giroguthabens auf ihr eigenes Postscheckkonto zu überweisen. Diese Überweisungen werden kostenfrei ausgeführt, soweit die Bestände des Postscheckkontos der Reichsbank dazu ausreichen. andernfalls gelangen die gemäß Postscheckordnung vom 6. November 1908 § 9, II für Einzahlungen zu entrichtenden Gebühren nachträglich zur Einziehung. Voraussichtlich werden indes stets ausreichende Guthaben vorhanden sein.

Bei Reichsbanknebenstellen mit beschränktem Giroverkehr finden die Bestimmungen auch für Überweisungen an das Postscheckamt Anwendung.

Anträge von Kontoinhabern auf Wiederauszahlung von Beträgen durch die Postanstalten oder auf Überweisungen an andere Postscheckkontoinhaber werden gegen eine Gebühr von $^1/_5$ $^0/_{00}$, mindestens 0,50 Mk., für jede einzelne Zahlung oder Überweisung ausgeführt.

Die Anträge sind auf Formularen, die die Reichsbank zur Verfügung stellt, mit einem roten Scheck folgender Fassung einzureichen:

„Die Reichsbank wolle im Postscheckverkehr $\frac{\text{zahlen}}{\text{überweisen}}$ lassen laut Anlage Mk. . . . . und dafür belasten das Konto von . . . .“

B. Der beschränkte Giroverkehr.

Für die übrigen Reichsbanknebenstellen mit Kasseneinrichtung finden die vorstehenden für den unbeschränkten Giroverkehr erlassenen Bestimmungen mit folgenden Beschränkungen Anwendung:

1. Anträge auf Eröffnung eines Kontos sind an die Reichsbanknebenstelle zu richten, welche dasselbe führen soll.

2. Übersteigt ein bei der Reichsbanknebenstelle zum Zwecke der Gutschrift geleistete Einzahlung den Betrag von 5000 Mk.,

so genügt die Eintragung in das Kontogegenbuch zum Nachweise der Zahlung der Reichsbank gegenüber nur dann, wenn der Kontoinhaber an demselben Tage der Einzahlung der der Nebenstelle vorgesetzten Bankanstalt schriftliche Mitteilung macht. In Fällen, in welchem an einem Tage mehrere Einzahlungen geleistet werden, von denen jede für sich weniger als 5000 Mk. beträgt, deren Gesamtsumme aber 5000 Mk. überschreitet, hat die schriftliche Mitteilung wegen sämtlicher Einzahlungen zu erfolgen.

3. Bare Abhebungen erfolgen durch weiße Schecks, welche auf eine bestimmte Person oder Firma mit dem Zusatz „oder Überbringer" lauten, und zwar sowohl bei der Nebenstelle, soweit deren Bestände dies gestatten, als auch bei der derselben vorgesetzten Bankanstalt. Die Reichsbank zahlt den Betrag an den Überbringer ohne Legitimationsprüfung, auch wenn der Scheck an eine bestimmte Person giriert ist.

4. Wünscht der Kontoinhaber die Einlösung eines weißen Schecks bei der vorgesetzten Bankanstalt, so hat er denselben der Nebenstelle zuvor behufs der nötigen Buchung zum Abstempeln vorzulegen.

5. Giroübertragungen auf Grund roter Schecks in Beträgen von 1000 bis 150000 Mk. werden der Bestimmungsanstalt unmittelbar — ohne Vermittlung der vorgesetzten Bankanstalt — von der Nebenstelle überwiesen, Summen von mehr als 50000 Mk. jedoch nur, wenn gegen die Überweisung Wechsel- oder Lombardgeschäfte gemacht werden, aus welchen der Reichsbank ein mindestens 10tägiger Zinsgewinn erwächst. Giroübertragungen auf Grund roter Schecks in Beträgen unter 1000 Mk. werden der Bestimmungsanstalt direkt nur dann überwiesen, wenn vom Einlieferer eine Gebühr von 0,30 Mk. für jede Überweisung gezahlt wird.

6. Wechsel, aus welchen ein Kontoinhaber zu einer Zahlung verpflichtet ist, sind bei der Reichsbanknebenstelle oder der derselben vorgesetzten Bankanstalt oder bei einem mit dieser letzteren ausweislich des bei ihr aufgelegten Verzeichnisses in täglicher Abrechnung stehenden Bankhause zahlbar zu machen und rechtzeitig zu avisieren. Im Besitze der Reichsbanknebenstelle befindliche Wechsel, welche nicht bei ihr zahlbar gemacht oder nicht rechtzeitig avisiert sind, müssen bar bezahlt werden.

7. Halbjährlich einmal sind die Kontogegenbücher der nicht mit unbeschränktem Giroverkehr ausgestatteten Nebenstelle zur Über-

sendung an die derselben vorgesetzten Bankanstalt behufs Prüfung der Eintragungen einzureichen.

8. Vor Eröffnung des Kontos hat sich der Kontoinhaber mit den Bestimmungen durch Vollziehung des unter denselben vorgedruckten Vermerks einverstanden zu erklären. Die Unterschriften der übrigen Personen, welche als Geschäftsteilhaber oder sonst zur Zeichnung des Namens oder der Firma des Kontoinhabers berechtigt sind, müssen bei der Reichsbanknebenstelle und bei der derselben vorgesetzten Bankanstalt niedergelegt werden. Für Prokuristen oder Bevollmächtigte sind außerdem besondere Vollmachten nach den bei der Reichsbank eingeführten Formularen bei der Reichsbanknebenstelle niederzulegen. Alle der Reichsbank mitgeteilten Unterschriften und Vollmachten bleiben so lange gültig, bis der Reichsbanknebenstelle sowie der derselben vorgesetzten Bankanstalt schriftlich von dem Erlöschen Anzeige gemacht worden ist.

Unter den Einrichtungen des Giroverkehrs im Ausland verdienen noch besonders hervorgehoben zu werden:

1. der Postscheckverkehr in Österreich.

Dieser ist vollständig zentralisiert.

Das Postsparkassenamt in Wien führt die Konten aller Teilnehmer und bewirkt alle Gut- und Lastschriften. Die teilnehmenden Postanstalten dienen nur als Vermittlungsstellen für die Entgegennahme und Auszahlung der Barbeträge, wie überhaupt für den Verkehr der breiten Bevölkerung im Lande draußen. Die Teilnehmer erhalten Kontoauszüge, durch die sie über alle Buchungen (Gut- und Lastschriften) rasch und sicher benachrichtigt werden; die Verfügungsmöglichkeit über die gutgeschriebenen Beträge entsteht erst, wenn der betreffende Kontoauszug des Postsparkassenamtes in die Hände des Kontoinhabers gelangt ist. Jeder von einem Kontoinhaber der österreichischen Postsparkasse ausgestellte Scheck, welcher dem Postsparkassenamte übergeben wird, wird daraufhin geprüft, ob der Zahlungsempfänger gleichfalls Mitglied des Scheck- und Clearingverkehrs ist. Nur wenn dies nicht der Fall ist, bzw. der Aussteller ausdrücklich Barzahlung verlangt, wird der Scheck in bar beglichen.

Durch seinen 1898 erfolgten Beitritt zum Wiener Saldierungsverein hat das Postsparkassenamt auch einen Überweisungsverkehr mit den darin vereinigten Banken angebahnt, der inzwischen einen erheblichen Umfang angenommen hat. Von den beim Saldierungsverein im Jahr 1911 insgesamt eingelieferten 661342 Forderungsdokumenten im Betrage von 8547705028,60 Kr. wurden 53952 (gleich 53,5 %) im Betrage von 2950392727,87 Kr. (gleich 34,51 %) durch das Postsparkassenamt ausgeglichen. Von wesentlichem Einfluß auf Umfang und Ausdehnung des internen Verkehrs ist die Teilnahme zahlreicher Behörden (Bezirkshauptmannschaften, Justiz- und Finanzbehörden, Post- und Telegraphendirektion, Staatsbahnen, Behörde für Landeskultur und Bergwesen, Militärkassen und Heeresanstalten), außerdem der Bezirkskrankenkassen, Versicherungsanstalten, Rent- und Forstkassen.

Seit 1890 ist der Giroverkehr nach österreichischem Muster auch bei der Kgl. ungarischen Postsparkasse durchgeführt worden. Wie in Österreich ermöglicht er allen Schichten der Bevölkerung, auch dem Handwerker und Landwirt bis ins kleine Dorf hinaus sich der einfachsten Zahlungsmethode zu bedienen. Das Postkonto ersetzt selbst dem kleinen Manne die Barzahlung.

Einen Gegensatz zu dem österreichisch-ungarischen Zentralisationssystem bildet

2. der Postscheck- und Giroverkehr in der Schweiz.

Bei diesem ist der Grundsatz der Dezentralisation zur Anwendung gebracht. Im Jahr 1911 hatte die Schweiz 23 Scheckbüros, nämlich in Genf, Lausanne, Freiburg, Vevey, Bern, Burgdorf, Langental, Neuenburg, Biel, Chaux de Fonds, Basel, Olten, Solothurn, Aarau, Luzern, Zürich, Frauenfeld, Schaffhausen, Winterthur, St. Gallen, Glarus, Chur, Bellinzona. Die beteiligten Postanstalten stehen im allgemeinen zu den einzelnen Postscheckbüros in demselben Verhältnis wie die österreichischen Postanstalten zum Postsparkassenamt. Die Eröffnung mehrerer Konten (Privat- und Geschäftskonto z. B.) ist auch bei mehreren Postscheckbüros gestattet. Die Benachrichtigung über die Gut- und Lastschriften erfolgen ebenfalls durch Kontoauszüge, aber nur zweimal monatlich.

Die Stammeinlage beträgt 100 Fr.

Stammeinlage und Kontoguthaben werden zu 1,8 % fürs Jahr verzinst; soweit das Guthaben 10000 Fr. übersteigt, ist es unverzinslich.

Die verfügbaren Gelder sind, abzüglich eines genügenden Betriebsfonds, von der Oberpostdirektion unter Mitwirkung des eidgenössischen Finanzdepartements zinstragend anzulegen. In der Regel soll ungefähr ein Drittel in inländischen Papieren des Bundes, der Bundesbahnen, Kantone und Gemeinden, zwei Drittel in Bankdepots bei Kantonal- und Notenbanken (bzw. Schweiz. Nationalbank) angelegt sein.

Im Zusammenhang ist noch zu erwähnen, daß im Jahr 1899 der damalige Staatssekretär des Reichspostamts v. Podbielski die Einführung eines **Postgiroverkehrs in Deutschland** nach österreichischem Muster betrieben hat, ohne jedoch im Reichstag seinen Entwurf durchsetzen zu können.

Am 7. Mai 1908 bekanntlich ist sodann die dem Reichstag am 5. März des genannten Jahres gemachte Vorlage über

die Einführung des Postüberweisungs- und Scheckverkehrs im Reichspostgebiet

vom Deutschen Reichstag mit großer Mehrheit angenommen worden.

II.

Einfluß des Giroverkehrs auf die Volkswirtschaft.

Wie wir wissen, ist England derjenige Staat gewesen, welcher den Deutschen in der Anwendung des bargeldlosen Verkehrs um mehr als ein Jahrhundert vorausgeeilt ist. Diese Erscheinung hängt damit zusammen, daß in Deutschland abgesehen von einzelnen „freien Reichsstädten" ein eigentliches Wirtschaftsleben als Kern des gesamten Staatslebens erst gegen die Mitte des vorigen Jahrhunderts, als Industrie und Technik sich entfalteten, zur Entwicklung gekommen ist. So hat sich in Deutschland naturgemäß erst viel später, als dies in England, dem wirtschaftlich viel früher geschlossenen Staatswesen, der Fall gewesen ist, das Bedürfnis nach Vereinfachung des Zahlungsverkehrs herausgebildet.

Je mehr in einem Staatswesen die Geld-, Kapital- und Kreditwirtschaft fortschreitet, desto stärker wird auch die Notwendigkeit eines einfachen, bequemen und zugleich sicheren Zahlungsverkehrs empfunden werden.

Das deutsche Volksvermögen, über dessen Höhe uns ja nur schätzungsweise aufgestellte Zahlen zu Gebot stehen, ist, wie uns die letzten 5 Kriegsanleihen bewiesen haben, in ganz ungeahntem Maße gestiegen. Welch' bewegliche Klagen sind zum Beispiel im Schwabenlande im Jahr 1866 erhoben worden, als Preußen von dem mitbesiegten Württemberg unklugerweise 8 Millionen Gulden Kriegsentschädigung forderte. Für eine fast unerschwingliche Summe wurde in weitesten Kreisen die 1871 von Frankreich verlangte Kriegsentschädigung von 5 Milliarden Francs gehalten. Und nun hat Württemberg zu den 5 Kriegsanleihen in den letzten 2 Jahren 1670 Millionen Mk., das Deutsche Reich rund 46 Milliarden im Interesse seines Schutzes und seiner Verteidigung aufgebracht und es kann kein Zweifel bestehen, daß es noch viele weitere Milliarden flüssig zu machen vermag!

Die Behauptung mancher Volkswirte, daß Mangel an Geld und Kapital dem gesamten deutschen Wirtschaftsleben seinen Stempel aufdrücke, ist weder bei dem Handel und der Industrie in Deutschland, noch bei seiner Landwirtschaft zutreffend. Wenn der Krieg dem Deutschen Reiche schwerere wirtschaftliche Wunden geschlagen hat, so wird dies nicht von dem Volksvermögen im Ganzen, sondern nur von demjenigen des gewerblichen und teilweise auch landwirtschaftlichen Mittelstands behauptet werden können.

Eine Geldknappheit oder gar ein Geldmangel ist, abgesehen von einigen vorübergehenden Schwankungen, während des Kriegs bis jetzt nicht eingetreten; der Reichsbankdiskont konnte seit 23. Dezember 1914 bestehen bleiben, der Satz von 5% brauchte nicht erhöht zu werden.

Wie erklärt sich diese Erscheinung?

Wohl ist sie in erster Linie darauf zurückzuführen, daß die Flüssigkeit des Geldes im privaten Verkehr gewachsen ist, insofern ein ununterbrochener Kreislauf der Zahlungsmittel des deutschen Reichs, von denen nur ein verschwindender Teil mehr ins Ausland floß, sich vollzog und die Reichsbank als Kassenwart des infolge des Kriegs zum größten Arbeitgeber gewordenen deutschen Reichs sich als glänzende Hüterin des deutschen Geldschatzes erwies.

Aber eine weitere Ursache des günstigen Geldmarkts im Deutschen Reiche fällt sicher auch schwer in die Wagschale.

Wohl ist das wirtschaftliche Übergewicht, das England Jahrzehnte lang dem europäischen Kontinent gegenüber besessen hat, nicht allein auf den vorbildlichen Stand seines Zahlungsverkehrs zurückzuführen, aber sicher ist, daß der niedere Diskontsatz, den es vor dem Kriege gehabt hat, vorzugsweise der eifrigen Pflege der bargeldlosen Zahlungsweise zu verdanken ist.

Mehr und mehr ist in Deutschland der Wechsel während des Kriegs zurückgedrängt worden, dagegen übertrifft der Umsatz der Reichsbank im Giroverkehr vom Jahre 1915 denjenigen des Jahres 1913 **um mehr als 100%**.

Dieser Vorgang zeigt, daß ein Teil des deutschen Volks ganz von selbst dem Überweisungsverkehr sich zuwendet.

Klar, einfach, billig und sicher muß die Zahlungsweise im deutschen Wirtschaftsleben sich vollziehen, nicht nur den Banken, dem Fabrikanten und Kaufmann darf der bargeldlose Zahlungsverkehr sich dienstbar erweisen, er muß zum Gemeingut des deutschen Volkes werden und in alle Adern desselben dringen. Dann aber wird er auch die deutsche Geld- und Kreditwirtschaft mehren und kräftigen und seine Kanäle dürfen nicht in einzelnen großen und größten Zentralbecken zusammenfließen und dort teilweise vertrocknen, sondern sie müssen dazu bestimmt sein, die ganze deutsche Volkswirtschaft bis in ihre kleinsten Wurzeln zu befruchten und zu stärken.

III.

Die Sparkassen als Träger des bargeldlosen Verkehrs.

Soweit in der gegenwärtigen Abhandlung von Sparkassen die Rede ist, sind darunter „öffentliche Sparkassen" gemeint. Solche Einrichtungen, die in der Regel für den Umfang einer Provinz, eines Kreises, Bezirks, einer Stadt oder Landgemeinde bestimmt sind, bedürfen in den meisten deutschen Staaten der staatlichen Genehmigung.

Diese Sparkassen besitzen zumeist keine juristische Persönlichkeit, vielmehr sind Träger ihrer Rechte und Pflichten die betreffenden Provinz- Kreis- oder Bezirksverbände, Stadt- und Landgemeinden. Da hiernach dem Gläubiger (Einleger) dieser öffentlichen Sparkassen das ganze Vermögen sowie die ganze Steuerkraft der Träger der Einrichtung für seine Forderungen haftet, so ist die Sicherheit der Einlagen die denkbar größte; sie hat auch in diesem Kriege in den vom Feinde heimgesuchten Teile Ostpreußens nicht versagt.

Die Zahl dieser Sparkassen beträgt

1. im Königreich Preußen:

		Sparkassen				
a)	Prov. Ost- u. Westpreußen	121	mit	505670000	Mk.	Einl.
b)	„ Pommern . . .	93	„	659198000	„	„
c)	„ Brandenburg . .	123	„	1652600000	„	„
d)	„ Posen	97	„	290645000	„	„
e)	„ Schlesien	193	„	1056953000	„	„
f)	„ Sachsen	135	„	1123657000	„	„
g)	„ Schleswig-Holstein	219	„	888724000	„	„
h)	„ Hannover. . . .	177	„	1589050000	„	„
i)	„ Hessen-Nassau . .	76	„	672744000	„	„
k)	„ Westfalen . . .	213	„	2320966000	„	„
l)	„ Rheinprovinz . .	221	„	2679436000	„	„
m)	„ Hohenzollern (Landeskasse)	1	„	22875000	„	„

2. im Königreich Bayern:

a)	Oberbayern	45	„	157219000	„	„
b)	Niederbayern	39	„	74958000	„	„
c)	Oberpfalz	38	„	49490000	„	„
d)	Oberfranken	46	„	62545000	„	„
e)	Mittelfranken. . . .	50	„	131776000	„	„
f)	Unterfranken	43	„	42651000	„	„
g)	Schwaben	42	„	89722000	„	„
h)	Pfalz	72	„	136326000	„	„
3.	im Königreich Württemberg	72	„	685253000	„	„
4.	„ Königreich Sachsen . .	345	„	2110291000	„	„
5.	„ Großherzogtum Baden	142	„	982467000	„	„
6.	„ „ Hessen	33	„	437675000	„	„
7.	„ „ Sachsen-Weimar	27	„	113278000	„	„
8.	in Sachsen-Meiningen. .	24	„	102432000	„	„
9.	„ Sachsen-Altenburg . .	17	„	79796000	„	„
10.	„ Sachsen-Coburg-Gotha	9	„	133339000	„	„
11.	„ Anhalt	17	„	93674000	„	„
12.	„ Schwarzburg	16	„	51613000	„	„

		Sparkassen				
13.	in Reuß	11	mit	148960000	Mk.	Einl.
14.	„ Mecklenburg-Schwerin .	39	„	77317000	„	„
15.	„ Oldenburg	6	„	45102000	„	„
16.	„ Braunschweig (Landeskasse)	1		50304000	„	„
17.	„ Waldeck-Pyrmont . .	5	„	41746000	„	„
18.	„ Schaumburg-Lippe . .	7	„	47453000	„	„
19.	„ Lippe	14	„	121673000	„	„
20.	„ Bremen	4	„	188431000	„	„
21.	„ Hamburg	2	„	376428000	„	„
22.	„ Lübeck (Spar- und An- Anleihekasse)			19816000	„	„
23.	„ Elsaß-Lothringen . . .	129	„	216285000	„	„

Der gesamte Einlagenstand der Sparkassen des Deutschen Reichs beläuft sich auf rund 22 Milliarden Mk.

Daß die deutschen Sparkassen zum Sammelbecken eines so namhaften Teils des deutschen Volksvermögens, daß sie im Kriege so wertvolle Stützen der deutschen Finanzkraft und Geldwirtschaft geworden sind, haben sie vorwiegend ihrer eigenen Geschicklichkeit, ihrer eigenen Tatkraft zu verdanken; in manchen deutschen Staaten mußten sie froh sein, wenn die Regierung sich für sie nicht als Hemmschuh erwiesen hat. Ihre Anpassungsfähigkeit an die fortschreitende wirtschaftliche Entwicklung haben sie durch manchfache im Interesse ihrer Einleger und der Förderung des Sparsinns gelegene neuzeitliche Einrichtungen bekundet, so haben die meisten Sparkassen den Zinsfuß für die Einlagen namhaft erhöht, die tägliche Verzinsung, die Heimsparkasse, das Abholungsverfahren, die Sparmarke, die Schulsparkasse, den Sparautomat eingeführt und bei Rückzahlungen auf die Beobachtung der Kündigungsfrist in weitgehendem Maße verzichtet.

Auch die Frage des bargeldlosen Zahlungsverkehrs ist selbstverständlich schon seit längerer Zeit Gegenstand zahlreicher Erörterungen in den Verhandlungen des deutschen Sparkassenverbands und seiner Unterverbände gewesen, aber so naheliegend es gewesen wäre, den Schwerpunkt desselben in die deutschen Sparkassen, die ein gewaltiges Netz von großen und kleinen Spargelderannahmestellen über das ganze Reich ausgespannt halten und ihre Tätigkeit bis ins entlegenste Dorf ausdehnen, zu legen, so ist von den Regierungsbehörden, wenn von einer Vereinfachung unseres Zahlungswesens die Rede war, zumeist nur von dem Überweisungsverkehr der Banken, insonderheit der Reichsbank gesprochen worden.

Als der preußische Finanzminister am 30. Januar 1908 die Rückständigkeit, die auf dem genannten Gebiete in Preußen herrsche, zur Erörterung brachte, hat er folgendes gesagt:

„Ein jeder von uns könnte wesentlich dazu beitragen, den Diskontsatz zu ermäßigen, den Geldbestand der Reichsbank zu erhöhen, wenn wir bemüht wären, die vollständig rückständige Art unseres Zahlungswesens durch moderne Zahlungsformen zu ersetzen; indem wir die Bargeldzahlung zu ersetzen suchen durch andere Formen, durch Überweisungs- und Scheckverkehr. Unsere Art des Zahlungsverkehrs hat mit der glänzenden wirtschaftlichen Entwicklung auch nicht entfernt Schritt gehalten, das Geld wandert von einer Hand in die andere, anstatt nutzbringend in die Kassen der Banken, namentlich der Reichsbank, abgeführt zu werden. Die Tatsache, daß im Jahre etwa 11 Millionen in bar herumgeschleppt werden, ist ein schlagender Beweis dafür, was nach der Richtung noch geschehen kann, um unseren Zahlungsverkehr zu modernisieren. Ich will darauf hinweisen, was der Scheckverkehr in dieser Beziehung tun kann.

Ich will ferner darauf hinweisen, daß der Scheckverkehr doch nur eine Staffel in der ganzen Entwicklung des Verkehrs bildet, und daß wir bemüht sein müssen, aus dem Scheckverkehr, der doch immer noch die Möglichkeit der Bareinlösung gibt, allmählich den Überweisungsverkehr zu machen. Auch der Staat war vielfach durchaus rückständig in der Abwicklung des Kassenverkehrs. Wir erlebten früher, daß die Generalstaatskasse die Mittel in bar an die Provinzialhauptkassen übersandte, daß sie von dort wieder an die einzelnen Kassen verteilt wurden, kurzum, daß ein ganz unnützer Versand des Bargeldes erfolgte. Ich habe mich bemüht, dem nach Kräften entgegenzuarbeiten, und der ganze Kassenverkehr der staatlichen Kassen vollzieht sich, wo überhaupt Reichsbankstellen sind, jetzt im Wege des Giroverkehrs mit den Reichsbankstellen. Auf diese Weise wird es möglich, diese ganz nutzlosen Hin- und Hersendungen des Geldes in großem Maße einzuschränken. Ganz ähnlich lag die Sache mit der Auszahlung der Gelder der Beamten."

Von den deutschen Sparkassen war mit keiner Silbe die Rede. Hat man an die deutschen Sparkassen nicht gedacht oder lagen zwingende Gründe vor, daß man an sie nicht denken, ihre Beteiligung an der großen vaterländischen Aufgabe der Durchführung des bargeldlosen Zahlungsverkehrs in Deutschland nicht fordern wollte und durfte? Fehlt es an einer richtigen Organisation des Sparkassenwesens im Deutschen Reich, an selbstlosen, leitenden Männern? Doch wohl nicht!

In den einzelnen Provinzen Preußens, in den Regierungsbezirken Bayerns und sodann in den kleineren deutschen Staaten haben sich die öffentlichen Sparkassen fast ohne Ausnahme zu Unterverbänden zusammengetan und vor Jahrzehnten schon ist ein Verband für das ganze Deutsche Reich gegründet worden, der sich

„die Förderung der gemeinsamen Interessen der deutschen Sparkassen, sowie die Anregung zur Vervollkommnung und Ausdehnung des Sparkassenwesens im Deutschen Reiche"

zur Aufgabe gemacht hat.

Vorstand und Ausschuß dieses deutschen Sparkassenverbands (Vorsitzender: Oberbürgermeister Reimarus-Magdeburg, Geschäftsführer: Justizrat und Reichstagsabgeordneter Götting-Hildesheim) haben sich schon seit vielen Jahren bemüht, das Verständnis für den bargeldlosen Verkehr sowohl innerhalb des Zentralverbands der deutschen Sparkassen, als auch innerhalb der Unterverbände desselben zu fördern und die Gründung von Giroverbänden innerhalb der Verbandsbezirke durchzuführen.

Als besonders eifrige Vorkämpfer des Gedankens sind die Herren Bürgermeister Dr. Eberle-Nossen und Stadtrat Dr. Hetzer-Stettin zu benennen, die beide wertvolle Abhandlungen über die genannte Frage, der erstere „über die geldlose Zahlung und die Sparkassen (1911)", der letztere „über einen Wegweiser für die Einführung des Giroverkehrs in Preußen" verfaßt haben.

Die beiden genannten Männer sind aber bei der Verfechtung des Gedankens nicht stehen geblieben, sondern sie haben dem Worte die Tat folgen lassen und im Jahre 1909 ist für das Königreich Sachsen, im Jahre 1912 für die Provinz Pommern je ein Giroverband ins Leben gerufen worden.

Darüber, „welche Form der bargeldlosen Zahlweise sich für unsere Sparkassen eignet“, gibt ein von dem Landrat Freiherrn von Schuckmann-Steinau a. D. in der Mitgliederversammlung des deutschen Sparkassenverbands in Charlottenburg am 4. Dezember 1909 gehaltener Vortrag klare und erschöpfende Auskunft. Er verdient es, hier in seinen wesentlichsten Bestandteilen wörtliche Wiedergabe zu finden. v. Schuckmann sagt u. a.:

„Es sollen deshalb nachstehend die beiden Methoden der bargeldlosen Zahlweise, der Scheck und die Giroanweisung, einander gegenübergestellt, auf ihren inneren Wert und ihre Brauchbarkeit in Beziehung auf das Sparkassenwesen untersucht und beide Arten daraufhin geprüft werden, ob dadurch die Sparkassen eine geeignete Handhabung zur Einführung des geldlosen Verkehrs erhalten.

Diese Untersuchung wollen wir in folgende Fragen kleiden:

1. Welches ist allgemein wissenschaftlich und nach unserer Erfahrung die höher entwickelte Verkehrsform des bargeldlosen Ausgleiches, der Scheck oder die Giroanweisung?
2. Welche dieser Formen eignet sich für unsere Sparkassen, insbesondere die kleinen unter ihnen, am meisten?

Die erste Frage wird nach zwei Richtungen hin zu prüfen sein. Einmal: Welche Form verdient für sich den Vorzug? Ferner: Bei welcher Form wird der Zweck des bargeldlosen Verkehrs, nämlich die Schonung des baren Geldes, am vollkommensten erreicht?

Der Scheck und die Giroanweisung haben in der Form das gemeinsam, daß sie beide schriftliche Anweisungen an ein Bankinstitut sind, aus einem vorhandenen Guthaben den Gläubiger zu befriedigen.

Im übrigen sind beide Arten sehr voneinander verschieden.

Beim Scheck übergibt der Aussteller dem Gläubiger das Papier und diesem bleibt es überlassen, an den betreffenden Beamten des Bankinstituts heranzutreten, von diesem die Richtigkeit des Schecks und die Kreditverhältnisse des Scheckausstellers prüfen zu lassen, bevor ihm die im Scheck bezeichnete Summe bar ausgezahlt wird, oder er in anderer Weise befriedigt wird. Wenn der Gläubiger seinerseits den Scheck weitergibt, so überläßt er die Mühe, sich durch den Scheck zu befriedigen, einem andern.

Auf alle Fälle geht der im Scheck enthaltene Auftrag an das Bankinstitut, aus dem vorhandenen Guthaben jemand durch Zahlung zu befriedigen, nicht unmittelbar an den Kontenführer des Bankinstituts, sondern erst durch die Hand des Schecknehmers.

Aus diesem Grunde muß der Scheck förmlich genau abgefaßt werden. Durch einen Fehler in der Form wird er ungültig. Daher ist auch die Form des Schecks durch den § 1 des Reichsscheckgesetzes vom 11. März 1908 genau festgelegt. Diese Form ist immerhin kompliziert, sie erfordert ein schriftgewandtes und schriftgeübtes Publikum, welches imstande ist, eine formell richtige geldwerte Urkunde auszustellen.

Denn der Scheck ist ein formell richtiges Kreditpapier, welches der Schuldner an Stelle des baren Geldes hergibt. Der Schecknehmer muß seinerseits erst zusehen, wie er aus diesem Kreditpapier Geld macht.

So läuft er auch Gefahr, daß der Scheck gefälscht ist oder daß er unrichtig ausgestellt ist. Auch kann es dem Gläubiger, dem Schecknehmer passieren, daß der Aussteller des Schecks bei dem bezogenen Geldinstitut nicht soviel Geld hat, als der Scheck anweist und er sich hat täuschen lassen. Vielfach rechnen die Scheckaussteller auch mit einer Laufzeit von 10 Tagen. Wenn der Scheck am Bankinstitut nicht zur Einlösung kommt, treten für den Schecknehmer große Unannehmlichkeiten und Zinsverluste ein. Denn es kann vorkommen, daß der Schecknehmer dann oft tagelang nicht über den Scheck verfügen kann.

Einfacher und in vieler Hinsicht sicherer erscheint mir daher das Verfahren bei der Giroanweisung. Diese Giroanweisung ist eben nur eine Anweisung, an den Kontenführer des betreffenden Bankinstituts Zahlung zu leisten, sie kann in einfacher Form auch von nicht schriftgewandten Personen abgegeben werden; sie erfordert nicht die Umsicht, welche zur Ausstellung des formellen Schecks notwendig ist, hierzu ist kein formell gültiges Papier erforderlich, welches durch einen Formfehler ungültig wird. Die Anweisung wird direkt und unmittelbar an der Zahlstelle gegeben. Die Zahlstelle braucht keine Prüfung über die Formalitäten, wie beim Scheck vorzunehmen, sie prüft nur, ob in der Höhe der Anweisung ein Guthaben vorhanden ist. Ist das nicht der Fall, oder wird nicht gleichzeitig mit der Anweisung anderweitig Deckung geleistet, so wird der Anweisung keine Folge gegeben.

Wird die Anweisung aber angenommen, so ist der Gläubiger, für den die Anweisung erfolgt, so gut wie gedeckt, denn die Zahlstelle weist durch die Zentrale dem Gläubiger, dem Empfänger die Befriedigung zu.

Sicherer als der Scheck erscheint mir die Giroanweisung aus dem Grunde, weil eine Verfälschung, wie sie beim Scheck leicht vorkommen kann, durch das vereinfachte direkte Verfahren fast ausgeschlossen, wenigstens bedeutend erschwert ist. Denn der Weg ist hier viel kürzer als beim Scheck, indem die Anweisung von der Zahlstelle über die Zentrale direkt zur anderen Zahlstelle geht.

Der Bankdirektor Thorwart urteilt hierüber: „daß Fälschungen in dem Überweisungsverkehr fast ganz ausgeschlossen sind, Vor- und Nachdatierungen, wie beim Scheckverkehr nicht vorkommen können."

Wenn wir nun weiter die Frage prüfen, bei welcher der beiden Formen der bargeldlosen Zahlweise der anzustrebende Zweck, die Schonung des baren Geldes, am besten erreicht wird, so müssen wir auch in diesem Falle der Giroanweisung vor dem Scheck den Vorzug geben. Denn der Scheck läßt immerhin noch die Möglichkeit der Bargeldzahlung zu, indem der Schecknehmer sich die im Scheck bezeichnete Summe von dem Bankinstitut bar auszahlen läßt, anstatt den Scheckbetrag einem Konto zu überweisen. Bei der Giroanweisung kann das nicht vorkommen. Denn die Anweisung läuft durch die Zentrale, welche alle Anweisungen erst zum Ziele führt. Hier wird kein bares Geld gezahlt, hier wird alles verrechnet. Diese Verrechnung der sich begegnenden Posten geschieht in der Zentralstelle, weil alle Anweisungen über das Konto bei der Zentralstelle laufen. Beim Scheck ist das anders. Hier wird an der Zahlstelle verrechnet, oder in einem besonderen Abrechnungsverfahren. Aus dieser Verschiedenheit ist erkenntlich, daß der einfachere Giroüberweisungsverkehr auch die vollkommenere Form der bargeldlosen Zahlweise ist, da er eine noch größere Bargelderspamis ermöglicht als der Scheck.

Ich komme daher bei der Untersuchung der Frage, welches ist wissenschaftlich und nach unserer Erfahrung die höher entwickelte Form des bargeldlosen Ausgleichs, der Scheck oder die Giroanweisung, zu dem Ergebnis, daß die Giroanweisung die höher entwickelte Form der bargeldlosen Zahlweise darstellt.

Noch ein anderes Urteil möchte ich hier nicht unerwähnt lassen. Der Bankdirektor Thorwart, der im Auftrage der Frankfurter Handelskammer den Hamburger Verkehr geprüft hat und dem gewiß kein Vorurteil gegen den Bankscheck vorgeworfen werden kann, sagt in seinem Berichte an die Handelskammer folgendes:

„Der Kaufmann, Industrielle und Gewerbetreibende, der Gastwirt, der Fleischer und der Bäcker, die Staats- und Kommunalkassen, das Postamt, die Vereine und privaten Institute, die Beamten vom Bürgermeister abwärts, die Richter, Geistlichen, Lehrer, Advokaten und Ärzte unterhalten alle ihr Konto bei einer Bank. Alle Rechnungen, sie mögen ausgestellt und zu zahlen sein, von wem sie wollen, werden durch Überweisungen reguliert, der Staat zahlt seine Gehälter und die Forderungen seiner Lieferanten durch Überweisungen. Mieten und Zinsen werden durch Überweisungen beglichen. Jeder Steuerzettel trägt die Mitteilung, daß der Betrag durch Giroüberweisung beglichen werden kann. Selbst die Zahlung der Schulgelder geschieht bis zu den kleinsten Beträgen herab durch Abschreibung von den Konten der Eltern und Zuschreibung auf die Konten der Schulen. Alle diese Überweisungen umfassen die größten und kleinsten Einzelsummen. Die Folge dieser Organisation ist, daß in Hamburg das bare Geld, verglichen mit dem Überweisungsverkehr, keine Rolle spielt. Anderswo gilt schon der Scheckverkehr als eine anzustrebende Erleichterung des Geldverkehrs, in Hamburg ist auch der Scheck fast gar nicht im Umlauf. Wohl kennt man den „Scheck zur Verrechnung“ als auch den „Scheck an Überbringer“. Der erstere schließt die Barzahlung von selbst aus, bei Vorzeigung eines Schecks an Überbringer gibt sich der Bankkassierer Mühe, daß sich der Vorzeiger des Schecks damit zufrieden gibt, den Betrag auf seinem eigenen oder auf fremden Konto gutschreiben zu lassen.“

Zum Schluß sagt Thorwart folgendes:

„Und in der Tat, der Hamburger Überweisungsverkehr birgt nicht nur alle oft erörterten Vorteile des Scheckverkehrs in sich, er ist weit darüber hinausgehend das Ideal des geldlosen Zahlverkehrs.“

Also auch die Urteile der Autoritäten und Fachmänner gehen dahin, daß der Giro- oder Überweisungsverkehr an sich und in seiner Wirkung dem Scheckverkehr überlegen ist.

Es bleibt demnach die weitere Frage zu beantworten, die wir zu Nr. 2 gestellt haben.

Welche Form der bargeldlosen Zahlweise eignet sich am meisten für unsere Sparkassen, insbesondere für die kleinen unter ihnen?

Diese Frage muß einerseits aus der Verfassung der Sparkasse an sich, aus der Organisation der Sparkasse, andererseits aus der Beschaffenheit des Kundenkreises der Sparkasse beantwortet werden.

Ganz allgemein möchte ich den Grundsatz aufstellen: Je einfacher und leichter das Instrument ist, mit dem wir den bargeldlosen Verkehr bei den Sparkassen handhaben, desto mehr paßt er für unsere Sparkassen.

Wenn man auch zugibt, daß die großen und größeren Sparkassen so organisiert sind, daß sie ohne Schwierigkeit den Scheck und die Giroanweisung handhaben können, so wird man andererseits doch nicht fehlgehen in der Annahme, daß die kleineren Sparkassen vor der Einführung des Schecksverkehrs eine gewisse Scheu empfinden. Dies erscheint mir ganz berechtigt. Zum Scheckverkehr gehört ein Beamtenpersonal, das schon geschulter sein muß als dies bei vielen kleineren Sparkassen tatsächlich der Fall ist. In vielen Fällen wird auch die Aufsichtsbehörde aus diesem Grunde Bedenken tragen, den Scheckverkehr zuzulassen, je nachdem die Organisation, die Fähigkeit des Beamtenmaterials, die Einführung des Scheckverkehrs gefahrlos erscheinen läßt oder nicht.

Die Sparkassen werden sich also in zwei Gruppen teilen; solche, welche das Prädikat „genügend" und solche, welche das Prädikat „ungenügend" von der Aufsichtsbehörde erhalten.

Die Welt wird die Schuld an dem Verbot der Einführung des Scheckverkehrs nicht in der Schwierigkeit dieses Verkehrs selbst suchen, sie wird vielmehr den Sparkassen die Schuld zumessen, daß sie zu mangelhaft organisiert sind, um mit Erfolg den Scheckverkehr einführen zu können. Je nach der erteilten oder abgeschlagenen Erlaubnis zur Einführung des Scheckverkehrs heißt es dann: Sparkasse I. und II. Klasse.

Wenn dieser Fall eintreten sollte, so würde das auf unser gesamtes Sparkassenwesen ungünstig einwirken, und es wäre dann vielleicht besser, wenn den Sparkassen überhaupt das Recht der Scheckfähigkeit versagt geblieben wäre.

Aber der Schwerpunkt der Frage liegt gar nicht in der Organisation der Sparkasse. Dieser liegt vielmehr beim Kundenkreis, dem Sparkassenpublikum.

Der Wert des Instrumentes, dessen wir uns bedienen wollen zur Einführung des geldlosen Verkehrs, hängt von der Zweckmäßigkeit und Leichtigkeit ab, mit der das Sparkassenpublikum das Instrument zu handhaben vermag. Es kommt darauf an, daß auch die schwächste Hand des Sparkassen-Kundenkreises das Instrument handhaben kann. In dieser Beziehung besteht auch wohl kaum ein Unterschied zwischen großen und kleinen Sparkassen.

Der Kundenkreis der großen und kleinen Sparkassen besteht im allgemeinen aus einer mittleren Bevölkerungsschicht, die weniger schriftgewandt ist. Große und kleine Sparkassen werden sich hierin wohl ziemlich gleichen. Dieser Kundenkreis ist nicht die Welt des Großhandels und der Industrie, welche Bankkonto hat und mit dem Scheck umzugehen gelernt hat, da sie von jeher den Bankverkehr pflegt. Es ist eine andere Schicht der Bevölkerung, die sich in den Städten vornehmlich zusammensetzt aus dem kleineren Beamtenstande, aus den mittleren Gewerbetreibenden und Kaufleuten; auf dem Lande aus den mittleren Landwirten, aus der wohlhabenden Bauernbevölkerung, im allgemeinen diejenige Schicht der Bevölkerung, die man mit dem Namen „Mittelstand" umfassen kann. Diese große und breite Schicht der Bevölkerung gilt es für den verbesserten Zahlverkehr zu gewinnen. Dieser Kundenkreis der Sparkassen ist aber nicht geschäftsgewandt und schriftgeübt genug, um den komplizierten Scheckverkehr mit Leichtigkeit üben zu können.

Daraus ergibt sich, daß auch bei den großen städtischen Sparkassen die Form des bargeldlosen Verkehrs so einfach wie möglich eingerichtet werden muß, damit die neue Verkehrsart sich an das Leben anschließen kann. Nur die einfachste und gefahrloseste Form wird den bargeldlosen Verkehr volkstümlich machen. Diese Volkstümlichkeit muß erstrebt werden, andernfalls der Verrechnungsverkehr der Sparkassen niemals von Bedeutung werden wird. So kommen wir also in Beantwortung der vorhergestellten Fragen aus der Sache selbst heraus zu dem Ergebnis, an Stelle des komplizierten Scheckverkehrs den einfachen und sicheren Giroverkehr für die Sparkassen zu fordern. Einfach aus dem Grunde, weil dieser auch für die einfachsten Kassen und einfachsten Leute besser paßt.

Wie sieht es nun aber mit dieser Einfachheit in der Wirklichkeit aus?

Wir wollen den Giroverkehr daraufhin eingehend prüfen.

Ich erwähnte zu Beginn der Ausführungen, daß es notwendig sei, auch dem sächsischen Vorgehen gegenüber eine abwartende und prüfende Stellung einzunehmen. Um mir aus der Praxis selbst ein Bild zu verschaffen, in welcher Weise der Giroverkehr in Sachsen ausgeübt wird, habe ich mich an Ort und Stelle begeben und mich von der Einrichtung des sächsischen Verbandes überzeugt. Ich habe mir die Sache am Ort der Zentrale in Dresden selbst angesehen und mir die Einrichtung mit den zur Verwendung kommenden Formularen zeigen lassen. Aus dieser persönlichen Anschauung heraus bin ich in der Lage, hier berichten zu können, daß zunächst vom Standpunkt des Girokunden aus, die Sache mir sehr einfach erscheint. Der Kunde läßt sich ein Konto eröffnen und erhält als Belag ein Kontobuch, in welchem seine Einlage eingetragen wird, ebenso wie dies bei der Spareinlage geschieht. Dies Kontobuch hat den Vordruck „Rechnungsbuch der Gemeindeverbands-Girokasse zu ...., Kontobuch Nr. ....." Es trägt auf der ersten Innenseite den Namen des Inhabers und den Vermerk abgedruckt: „Die Einträge dienen lediglich zur Übersicht über das Girokonto. Dieses Rechnungsbuch ist kein Inhaberpapier und darf nicht veräußert oder verpfändet werden."

Der Buchumschlag dieses Buches hat, um Verwechslungen mit den Sparbüchern vorzubeugen, eine andere Farbe als die Sparbücher der Kasse. Außerdem erhält der Kunde eine Anzahl Überweisungsformulare. Will er keine mit nach Hause nehmen, sondern nach Art der Sparer zur Kasse kommen, so werden ihm diese Formulare nach Bedarf von Fall zu Fall zur Verfügung gestellt.

Will er überweisen, so füllt er die Anweisung an seine Kasse aus, wobei er auf einer angehängten Postkarte eine Mitteilung an den Empfänger machen kann. Hiermit ist die Sache für ihn erledigt. Hat der Girokunde sein Büchel mitgebracht, so wird der angewiesene Betrag abgeschrieben. Wird ihm ein Betrag zugewiesen, so schreibt die Kasse ihm den Betrag gut und gibt ihm durch Postkarte Kenntnis von der Gutschrift. Das Büchel wird bei Gelegenheit berichtigt. Will er von der Kasse Geld bar zurücknehmen, so legt er sein Büchel vor, wie beim Sparverkehr.

Ebenso einfach ist die Sache für die Kasse. Sie trägt jede vorkommende Änderung auf dem Konto des Kunden ein. Das Konto wird genau so gehalten, wie ein Sparkonto.

Nun zur Beschreibung der Zentrale. Diese bedeutet an sich eine Einschränkung der Kassen, weil sie im sächsischen Verbande die Verfügung über die Gelder beansprucht. Das könnte zunächst als ein Nachteil des Systems angesehen werden, welcher namentlich den größeren Kassen auf den ersten Blick mißfallen könnte. Sieht man aber genauer zu, so bedeutet die Zentrale eine Stütze für die Einzelkassen, da die Zentrale über jede Fernüberweisung Gegenbuch führt. Dies wird in folgender Weise ausgeführt:

Jede Kasse hat als solche ein Girokonto bei der Zentrale, so daß jede Post, die aus der Einzelkasse hinausgeht, nicht nur bei der Einzelkasse gebucht wird, sondern auch notwendig im Konto der Einzelkasse bei der Zentrale erscheinen muß. Die Zentrale ihrerseits wird wiederum von der Kasse des Ortes kontrolliert, an welchen der Betrag zugewiesen wird. Dadurch wird die hohe Sicherheit erreicht, die es ermöglicht, daß auch kleine Kassen am Verkehr teilnehmen können. In Sachsen hat man die Erfahrung gemacht, daß auch die kleinsten Kassen sich in dem Verkehr rasch zurecht gefunden und bald nach ihrem Eintritt tadellos gearbeitet haben. Denn es nehmen in Sachsen am Verkehr teil auch Kassen, welche nur eine Million Spareinlagen haben. Wenn man geneigt ist, zu Anfang es als Nachteil anzusehen, daß namentlich nicht die großen Kassen die freie Verfügung über die Guthabensumme ihrer Kunden haben, so muß man doch unter einem höheren Gesichtspunkt diese Einrichtung als ein Vorzug des Systems anerkennen. Denn die Vereinigung der Mittel in der Zentrale erleichert einerseits die Verwertung des Geldes und ermöglicht andererseits auch eine Erleichterung des Verkehrs überhaupt. Um nun jedes Bedenken gegen die Gefahr der Konzentration der Girogelder in der Zentrale auszuschließen, ist der Grundsatz aufgenommen worden, daß jede Gemeindeverbandsgirokasse einen Anspruch auf Verleihung von Mitteln nach der Höhe ihres Guthabens bei der

Zentrale hat. Dieses geschieht natürlich gegen mündelmäßige Sicherheit.

In der Praxis wird die Sache in der Weise ausgeübt, daß bald diese, bald jene Kasse sich von der Zentrale aushelfen läßt. Und da der Bedarf zu verschiedenen Zeiten auftritt, so können die einzelnen Kassen abwechselnd wesentlich höhere Beträge kreditiert erhalten, als sie im einzelnen erzielt hätten. Der Zinssatz ist mindestens 1 % niedriger als der Reichsbanklombard. Aber die Bestrebungen des Vorstandes gehen noch weiter. Es sollen die Mittel der Zentrale an Kreditgenossenschaften dargeliehen werden an den Plätzen, wo aus den Kreisen der Genossen eine entsprechende Beteiligung am Verkehr stattfindet, wodurch ein regelrechter neuer Geldkreislauf im Entstehen begriffen ist.

Nach alledem bin ich zu der Überzeugung gelangt, daß der Sächsische Giroverband den richtigen Weg eingeschlagen hat und daß ein Giroverkehr, wie ihn der Sächsische Verband pflegt, in der Hauptsache uns dem Ziel nähern wird, was wir erstreben. Hierbei will ich nicht gesagt haben, das wir genau das Muster verfolgen müssen, welches der Sächsische Verband angenommen hat, denn was wir im einzelnen brauchen, ist dann Sache der Ausführung. Als ein Hauptbestandteil der neuen Einrichtung aber erscheint mir die Einrichtung der Zentrale, welche nicht nur die Abrechnungsstelle werden muß, sondern welche auch das Herz der sich bildenden Netze sein muß. Denn, soll der Sparkassenüberweisungsverkehr Bedeutung gewinnen, dann muß er so eingerichtet werden, daß bei aller Selbständigkeit der Provinzialeinrichtungen die Überweisungen über die Provinz hinausgehen und am zweckmäßigsten durch das ganze Reich laufen können. Um die Verbindung der Provinzialüberweisungsnetze untereinander herzustellen, sind die Zentralen unumgänglich notwendig. Wenn neuerdings wieder Bestrebungen im Gange sind, ein Zentralinstitut für die Sparkassen zu errichten, so glaube ich, daß sich dies Institut am besten auf den Zentralen aufbauen wird. Wie dies Zentralinstitut später genannt wird, ob Kommunalbank, Gemeindebank oder Zentralbank und dergleichen ist gleichgültig. Jedenfalls müßte eine solche Bank für das ganze Reich erstrebt werden. Aus diesem Giroverkehr heraus muß dies Zentralinstitut begründet werden; unsre Volkswirtschaft bedarf einer solchen Einrichtung. Der Vermittlungsdienst unter den Sparkassen soll sich so entwickeln, daß wir auch den Kommunalkredit wirksam pflegen können. Das gleiche Ziel heißt: „Unabhängigkeit der Gemeindefinanzen von der Börse."

Das wirtschaftliche Leben eines Volkes steht nicht still, sondern fordert dauernd die Vervollkommnung der bestehenden Verhältnisse. So stehen die Sparkassen jetzt vor der Notwendigkeit, sich dem modernen Zahlverkehr anzupassen. Andernfalls werden sie in ihrer Bedeutung im wirtschaftlichen Leben des Volkes herabsinken."

Am Schlusse seines Vortrags stellte der Berichterstatter den Antrag:

„1. Die heutige Mitgliederversammlung des Deutschen Sparkassenverbandes erkennt einmütig die dringende Notwendigkeit der Pflege des Überweisungsverkehrs an und empfiehlt den Unterverbänden, ungesäumt die Gründung von Überweisungsverbänden in Angriff zu nehmen.

2. Als einfachste, für Kassen und Publikum geeignete Form wird das Überweisungssystem empfohlen, wie es in Sachsen bereits besteht."

Nach längeren Erörterungen, an denen sich insbesondere Bankrat Reusch, Bürgermeister Dr. Eberle, Landrat Trüstedt und Syndikus Götting beteiligten, wurde sodann die von Landrat Freiherrn von Schuckmann vorgeschlagene Resolution mit allen gegen 2 Stimmen angenommen.

So hat bei den deutschen Sparkassen die Giroanweisung den Sieg über den Scheck davon getragen.

Die Gründe hierfür sind einleuchtende und gewichtige und die Richtigkeit der getroffenen Entschließung kann auch dadurch keine Anfechtung erleiden, daß der Scheckstempel mit 10 Pf. für den Scheck seit dem 1. Oktober ds. Js. aufgehoben worden ist.

Auch gegenüber dem Postscheck hat die Giroanweisung unleugbare Vorzüge.

Weist z. B. eine Behörde oder eine Privatperson, welche kein Girokonto bei der Reichsbank besitzt — und dies trifft vielfach zu — 10000 Mk. auf Postscheck an, so muß dieser Betrag am Postschalter in barem Gelde einbezahlt und vorgezählt werden, der Annahmebeamte bei der Post muß sodann das Geld der Postamtskasse vorzählen und endlich ist der Gegenwert des Schecks nochmals in bar bei dem Gläubiger bzw. der Reichsbank vorzuzählen, weiterhin kann die Auszahlung des Schecks erst nach erfolgtem Anerkenntnis geschehen, wodurch ein Verzug in der Leistung von mindestens einem halben Tag entsteht.

Dazu kommt, daß die von jedem Postscheckteilnehmer geforderten 50 Mk. Einlage unverzinslich sind, während die meisten Giroverbände für die Einlagen der Girokonto-Inhaber 3% Zins und darüber gewähren.

Dem sächsischen Vorgang sind in Deutschland 13 Unterverbände des deutschen Sparkassenverbands gefolgt und es bestehen nunmehr im deutschen Reich folgende 14 Giroverbände:

1. Giroverband Sächsischer Gemeinden:
   Zentrale: Zentrale des Giroverbands sächsischer Gemeinden in Dresden, Pfarrgasse 3, III. Verbandsvorsteher: Oberbürgermeister Dr. Eberle in Nossen in Sachsen.
2. Giroverband für Ost- und Westpreußen:
   Zentrale: Girozentrale in Königsberg i. Pr. Kneiph. Rathaus. Verbandsvorsteher: Oberbürgermeister Dr. Körte, Königsberg i. Pr.
3. Giroverband der kommunalen Verbände der Provinz Pommern:
   Zentrale: Städtische Sparkasse in Stettin, Magazinstraße 1. Verbandsvorsteher: Stadtrat Dr. Hetzer, Stettin.
4. Giroverband der kommunalen Verbände der Provinz Brandenburg:
   Zentrale: Städtische Sparkasse in Forst i. L. Verbandsvorsteher: Stadtrat und Kämmerer Machowicz, Berlin-Schöneberg.
5. Giroverband der kommunalen Verbände der Provinz Schlesien:
   Zentrale: Städtische Bank Breslau, Blücherplatz 16. Verbandsvorsteher: Stadtrat Prescher, Breslau.
6. Sparkassen-Giroverband Posen:
   Zentrale: Sparkassen-Girozentrale Städtische Sparkasse in Posen. Verbandsvorsteher: Bürgermeister Künzer, Posen.
7. Sparkassen-Giroverband Sachsen-Thüringen-Anhalt:
   Zentrale: Sparkasse der Stadt Magdeburg. Verbandsvorsteher: Bürgermeister Schmiedel, Magdeburg.
8. Giroverband Schleswig-Holstein:
   Zentrale: Spar- und Leihkasse in Rendsburg. Verbandsvorsteher Bürgermeister Dr. Petersen, Sonderburg.

9. Sparkassen-Giroverband Hannover:
Zentrale: Sparkassen-Girozentrale in Hannover, am Warmbüchenkamp 11. Verbandsvorsteher: Senator Fink, M. d. A. Hannover.

10. Giroverband Hessen-Nassau:
Zentralen: Nassauische Landesbank in Wiesbaden und Landeskreditkasse in Cassel. Verbandsvorsteher: Landesbaudirektor Klau, Wiesbaden, Bürgermeister Brunner, Cassel.

11. Rheinischer Sparkassen-Giroverband:
Zentrale: Landesbank der Rheinprovinz in Düsseldorf. Verbandsvorsteher: Beigeordneter Dr. Matzerath, Cöln.

12. Giroverband der Provinz Westfalen:
Zentrale: Landesbank der Provinz Westfalen in Münster i. W. Verbandsvorsteher: Bürgermeister Löcke Arnsberg i. W.

13. Giroverband bayerischer Sparkassen:
Zentrale: Stadtsparkasse Nürnberg. Verbandsvorsteher: Rechtsrat Merkel, Nürnberg.

14. Sparkassen-Giroverband Württemberg:
Zentrale: Sparkasse der Stadt Stuttgart. Verbandsvorsteher: Oberbürgermeister Dr. von Wagner, Ulm.

Auch in den Großherzogtümern Baden und Hessen und ferner in Elsaß-Lothringen sind Girozentralen ins Leben gerufen worden.

Alle diese Verbände haben sich am 26. Oktober ds. Js. in Berlin zu einem Zentralverband zusammengeschlossen.

Das Eis ist gebrochen, mitten im Krieg ist im wirtschaftlichen Leben des deutschen Volkes ein vielverheißender, keimender und sprossender Frühling erwacht; die deutschen Sparkassen sind an die große volkswirtschaftliche Aufgabe der Durchführung der bargeldlosen Zahlung mit klarem Blick und sicherer Entschlossenheit herangetreten und ihre Kundschaft, der Mittelstand, der Beamte, der Handwerker und Arbeiter soll nicht länger der einfachsten, billigsten und bequemsten Zahlungsweise entraten. Und wenn der Friede wieder in den deutschen Gauen Einzug gehalten haben wird, der Handwerker wieder am Schraubstock steht, der Bauer das Schwert mit der Pflugschar vertauscht und neue Heimatstätten für unser heldenhaftes Volk sich erheben, dann sollen die deutschen Giroverbände mit ihren Geldmitteln dazu beitragen, daß unser deutsches Vaterland sich überall wohnlich einzurichten vermag, nicht nur in den großen Menschensammelpunkten, sondern auch im Dorf und Städtchen.

IV.

Die Gründung des württembergischen Giroverbandes.

Schon am 24. Juni 1910 hatte die Generalversammlung des Württembergischen Sparkassenverbandes in Stuttgart einen Vortrag des Bürgermeisters Dr. Eberle-Nossen „Über die Zahlungsart der Zukunft" entgegengenommen und am 18. Dezember 1911 in Stuttgart abgehalten.

In einer außerordentlichen Generalversammlung des genannten Verbandes ist dann von dem Geschäftsführer desselben, Rechnungsrat Keller, das Wesen des Schecks und der Giroanweisung eingehend dargetan und über den

Verkehr im Giroverband

folgendes Beispiel aufgestellt worden:

1. Der Flaschnermeister Karl Spindler in Eßlingen meldet bei der Girokasse Eßlingen mit Schreiben vom 15. Juni 1912 seinen Beitritt zum Giroverkehr an.
2. Die Girokasse Eßlingen teilt dem Spindler die Eröffnung eines Girokontos mit.
3. Spindler nimmt Kenntnis von dieser Eröffnung und bezeichnet die zur Verfügung über sein Konto berechtigten Personen.
4. Er zahlt eine Stammeinlage bar oder durch Überweisung seines Guthabens bei der Oberamtssparkasse Eßlingen ein und erhält
5. Quittung hierüber im Girokontenbuch.
6. Die Girokasse Eßlingen vereinnahmt die Einlage im Tagbuch und bringt

7. solche dem Spindler auf dessen Konto gut.
8. Spindler überweist an Sauter in Ulm, der Konto bei der Girokasse Ulm hat, einen seinem Guthaben entsprechenden Betrag, die Girokasse belastet dafür das Konto des Spindler, stellt den Betrag im Tagbuch in Ausgabe und läßt
9. Anweisung durchlaufen bei der Girozentrale in Stuttgart. Diese belastet das Konto der Girokasse Eßlingen, erkennt das Konto der Girokasse Ulm und gibt
10. die Anweisung zur Erledigung an die Girokasse Ulm. Diese vereinnahmt den Betrag im Tagbuch, schreibt denselben im Konto Sauter gut und benachrichtigt
11. Sauter durch Postkarte von der Gutschrift.

Die letzten drei Vorgänge schildern eine Überweisung mit Fernverkehr, im Ortsverkehr bleibt die Zentrale ausgeschaltet. Hat der Empfänger (Gläubiger) kein Girokonto, so tritt Barzahlung ein.

Der Berichterstatter stellte an den Schluß seiner Ausführungen folgenden Antrag:

1. Die Versammlung wolle ihre Geneigtheit zur Gründung eines Württembergischen Giroverbandes nach sächsischem Muster aussprechen und bejahendenfalls:
2. eine Kommission bestellen, welche im Benehmen mit dem Ministerium des Innern die Errichtung eines Württembergischen Giroverbandes weiter beraten würde. Aufgabe der Kommission wäre es zunächst, zur Teilnahme an einem Württembergischen Giroverband die Mitglieder des Württembergischen Sparkassenverbandes und alle ihrem wirtschaftlichen Leben nach bei einem Giroverband interessierten Gemeinden einzuladen; den Mindestbetrag eines Teilnehmers am Giroverband zu bestimmen und im übrigen die Einrichtungen zu treffen, welche zur Eröffnung des Giroverkehrs erforderlich sind (Satzungsaufstellung, Bestimmungen für die Teilnehmer am Giroverkehr usw.).
3. An das Ministerium des Innern die Bitte zu stellen, den Sparkassenreferenten zu den Beratungen der erwähnten Kommission abzuordnen.

Der Vorsitzende — der Verfasser dieser Abhandlung — nahm Stellung zu diesem Antrag, wobei er sich dahin aussprach:

3*

In der Frage der Einführung der bargeldlosen Zahlung kann uns eine gewisse Rückständigkeit nicht mit Unrecht vorgeworfen werden. Eine wenn auch schwache Erklärung findet die langsame Entwicklung der Neuerung in den teilweise etwas kleinen Verhältnissen der württembergischen Sparkassen. Aber wir müssen, wie anderwärts, vorwärts kommen. Ist auch die Frage, ob Scheck — oder Giroverkehr, noch eine offene, über die Notwendigkeit der Förderung der bargeldlosen Zahlung dürfte kein Zweifel bestehen. Vielleicht könnten wir von dem Herrn Ministerialreferenten heute erfahren, welchen Standpunkt das Ministerium des Innern zu diesen Fragen einnimmt.

Ich möchte befürworten, dem Antrag des Referenten entsprechend zu beschließen. Um alle Interessenten mit dem Vortrag des Referenten vertraut zu machen, stelle ich den Antrag, diesen Vortrag drucken zu lassen. Der einzusetzende Ausschuß hätte über die Frage der Gründung des Verbandes und den Entwurf der Satzung auf Grund der heutigen Beschlußfassung in Bälde zu beraten.

Ich glaube, daß wir durch Einführung des Verrechnungsverkehrs die Entwicklung der Sparkassen fördern. Der Deutsche Sparkassenverband beabsichtigt sodann, die einzelnen Giroverbände in einen Zentral-Giroverband zu vereinigen, so daß bargeldlose Zahlungen im ganzen Deutschen Reich erfolgen können. Die Förderung dieses Gedankens wollen auch wir uns angelegen sein lassen."

Der Ministerialreferent, Ministerialrat Dr. Michel, bekundete sodann folgende Auffassung:

„Die Einführung des Giroverkehrs ist für die Sparkassen zur Notwendigkeit geworden. Das Ministerium des Innern wird gerne dahingehende Bestrebungen fördern und bei der Einführung des Giroverkehrs mitwirken. Ich habe diesen Sommer mit Vertretern Ihres Verbandes von den Einrichtungen in Sachsen an Ort und Stelle Einsicht genommen. Der Beamtenapparat und auch die sonstigen Einrichtungen sind verblüffend einfach. Was die Organisation des Verbandes betrifft, so sind die Unterlagen hierfür in den Bestimmungen der Gemeinde- und der Bezirksordnung über die Bildung von Zweckverbänden enthalten. Ich glaube, daß sich der Giroverband auf dieser Grundlage wird bilden lassen. Die Entwerfung der Satzung und der Geschäftsordnung wird zunächst Sache einer Kommission sein.

Was die Stellung des Ministeriums des Innern zur Einführung des Scheckverkehrs bei den Sparkassen betrifft, so glaube ich sagen zu dürfen, daß es nicht abgeneigt ist, diesen einzelnen Sparkassen unter besonderen Bestimmungen zu gestatten. Vorerst dürfte aber abgewartet werden, wie der Giroverkehr sich entwickelt und ob neben diesem noch ein Bedürfnis zur Einführung des Scheckverkehrs anzuerkennen ist.

Die Sparkassen haben auf ihrem bisherigen Gebiet der Verwahrung und Verwaltung von Sparguthaben Großes geleistet; sie haben sich fast ungeahnt entwickelt und bilden eine wirtschaftliche Macht. Sie stehen jetzt vor der Einführung eines neuen Geschäftszweigs. Wenn derselbe die Bedeutung erlangen soll, die ihm zukommt, dann ist es notwendig, daß durch unermüdliche Werbearbeit der Gedanke der bargeldlosen Zahlung in weite Kreise der Bevölkerung getragen wird. Es wird Sache der Verbandsleitung sein, durch Fertigung einer Flugschrift den beteiligten Kreisen die erforderliche Aufklärung zu geben. Voraussetzung aber ist, daß die Sparkassenbeamten sich mit Lust und Liebe der Sache annehmen. Geschieht dies, dann bin ich überzeugt, daß der neue Geschäftszweig, die Pflege des Zahlungsdienstes, die Sparkassen in ihrer wirtschaftlichen Bedeutung weiter stärken und festigen wird."

Einstimmig nahm sodann die Versammlung den obengenannten Antrag an.

Als ein Jahr später, am 17. Dezember 1912, die von der Generalversammlung 1911 aufgestellte Kommission

„die Entwürfe der Satzung und der Geschäftsordnung des Württembergischen Giroverbands"

zur Vorlage brachte, kam es zu sehr lebhaften Auseinandersetzungen, indessen billigte die Versammlung in ihrer großen Mehrheit die Entwürfe und beschloß, den württembergischen Amtskörperschaften zu empfehlen, bei der Gründung des württembergischen Giroverbandes sich ausnahmslos zu beteiligen.

Auf 1. Mai 1914 hoffte man, den Giroverband ins Leben treten lassen zu können, indessen ist es erst am 10. Juli 1916 soweit gekommen.

Der Krieg mit seinen zahlreichen, wirtschaftlichen Begleiterscheinungen, insbesondere die einander rasch folgenden Kriegsanleihen, hatten die Geschäftslast der Sparkassenbeamten derart gemehrt, daß das Ministerium des Innern Bedenken trug, den Kommunalverbänden und Gemeinden die Übernahme einer weiteren, größeren Arbeit nahezulegen.

Wiederholte Vorstellungen über die Dringlichkeit der Förderung des bargeldlosen Zahlungsverkehrs führten schließlich doch zum Ziele.

Im Anschluß an die Generalversammlung des Württembergischen Sparkassenverbandes vom 10. Juli 1916 hat auf Wunsch des Königlichen Ministeriums des Innern in Gegenwart des Referenten, Ministerialrat Dr. Michel, eine Besprechung der Vertreter derjenigen Amtskörperschaften, die ihren Beitritt zu den zu gründenden württembergischen Giroverband beschlossen hatten, stattgefunden, über die nachstehender Auszug aus dem Protokoll Aufschluß gibt:

„Die Versammlung wird um ½12 Uhr durch den Vorsitzenden, Oberbürgermeister Dr. v. Wagner-Ulm, eröffnet.

Vorsitzender: „Meine Herren! Das Ministerium des Innern hat bezüglich der Frage, zu welchem Zeitpunkt die Aufrichtung des Württembergischen Giroverbandes erfolgen soll, den Wunsch ausgesprochen, daß die Vertreter derjenigen Sparkassen, welche dem Giroverband beizutreten sich bereit erklärt haben, sich noch darüber aussprechen möchten, welchen Zeitpunkt sie für den möglichen erachten. Ich für meine Person möchte nur wiederholt betonen, daß auch in Bayern während des Krieges der dortige Giroverband vor etwa einem halben Jahre ins Leben gerufen worden ist, und daß auch in andern deutschen Staaten Giroverbände während des Kriegs entstanden sind. Ich möchte weiter darauf hinweisen, daß eine Vereinigung der vorhandenen Giroverbände in der Weise stattfinden soll, daß ein Verband, und zwar vielleicht der Brandenburgische, die Zentrale bilden soll; diese Angelegenheit ist allerdings noch nicht spruchreif. Wenn man den Anschluß an diesen Brandenburgischen Verband in Betracht zieht, würde man auch den direkten Verkehr mit der Reichsbank nicht bloß durch sämtliche Giroverbände, sondern auch zugleich durch die einzelnen Girokassen bewerkstelligen können. Ich bin gestern von dem Bürgermeister von

Magdeburg aufgefordert worden, eine Sitzung zu halten, um die Frage einer Zentralisierung der Giroverbände durchzuführen. Das wird in aller Bälde geschehen und es wird dadurch der Geschäftsverkehr wesentlich erleichtert werden.

Aus früheren Erörterungen in unserem Verbande und in der Presse sind Ihnen ja die Bestrebungen, die vor einigen Jahren allenthalben im deutschen Reich zutage getreten sind, eine Kommunalbank zu gründen, bekannt. Der Plan ist nicht zustande gekommen. Aus welchen Gründen, will ich heute nicht des Näheren erörtern, aber Sie kennen sie wohl alle. Zweifellos besteht ja ein dringendes Bedürfnis für die Schaffung einer nachhaltigen und ausreichenden Kreditquelle für die Gemeindeverbände und die Gemeinden. Diesem Bedürfnis sollen die Giroverbände und ihre Zentrale Rechnung tragen. Nach den Erfahrungen, die die anderen Giroverbände bisher gemacht haben — ich habe schon Zahlen genannt — wird den einzelnen Girokassen und -verbänden so viel Geld zufließen, daß immerhin bis zu einem gewissen Grad den Kreditbedürfnissen der einzelnen Bezirke Rechnung getragen sein wird, wenn auch vielleicht nicht in dem Umfang, wie es im Zusammenhang mit den ungeheuren Kriegsausgaben nötig sein wird; aber immerhin wird für das Kreditbedürfnis der einzelnen Bezirke wesentliches erreicht sein. Ich glaube, das ist eine Errungenschaft, die ganz besonders wertvoll ist und noch weiter werden wird, wenn wir daran denken, daß das Reich das deutsche Kapital zu einem namhaften Teile aufgesogen hat, daß nach dem Krieg auch die Einzelstaaten diese und jene Bedürfnisse im Wege der Anleihe decken müssen, und daß auch Amtskörperschaften und Gemeinden ein sehr starkes Kreditbedürfnis empfinden werden. Also auch dieser Gesichtspunkt sollte bei der Frage, wann wir die Einrichtung ins Leben treten lassen, nicht in letzte Linie gerückt werden. Wir müssen uns klar darüber sein, daß wir in der Zukunft Geld, und zwar viel Geld brauchen."

Ministerialrat Dr. Michel: „Meine Herren! Es ist vorhin bemerkt worden, es sei sehr bedauerlich, daß der Giroverkehr nicht bereits am 1. Mai 1914 eingeführt worden sei. Das war meines Erachtens überhaupt nicht möglich, denn auf Grund des seinerzeitigen Beschlusses der Generalversammlung des Sparkassenverbandes, die Einführung des Giroverkehrs zu empfehlen, konnte die Konstituierung irgend eines Verbandes nicht erfolgen; es mußten vielmehr die Amtsversammlungen und die zuständigen Organe der Städte ihre Beschlüsse fassen; so wurde es etwa Sommer 1915, bis die sämtlichen Beschlüsse der Amtsversammlungen vorlagen. Also lediglich auf diesen Umstand allein ist es wohl zurückzuführen, daß vor Kriegsausbruch der Giroverband nicht ins Leben treten konnte.

Nun, meine Herren, hat die Frage des Zeitpunktes der Einführung des Giroverkehrs mir persönlich Sorgen gemacht, einerseits deswegen, weil ich von der hohen Bedeutung des Giroverkehrs, wenn ihn die Sparkassen in die Hand nehmen, durchaus überzeugt bin, und weiterhin, weil sich diese Überzeugung noch mehr verstärkt hat durch die wirtschaftlichen Verhältnisse, wie sie sich im Kriege gestaltet haben. Wir können ja ruhig sagen, daß nunmehr die Einführung und Verbreitung des Giroverkehrs in weiteren Kreisen eine nationale Forderung ist, eine Forderung des Tages, über die man nicht mehr hinwegkommt. Aber andererseits, meine Herren, lagen gewisse Bedenken vor, gerade in diesem Zeitpunkt den Giroverband ins Leben zu rufen. Es sind die Namen der Sparkassen, die ihre Beteiligung beschlossen haben, verlesen worden; es sind im ganzen 46 Oberamts- und städtische Sparkassen, die sich anschließen wollen. Nach der Auffassung des Ministeriums ist damit die Lebensfähigkeit des Giroverbandes an sich gegeben. Also daran liegt es nicht, wenn noch mit dem Inkrafttreten des Verbandes gezögert wurde. Dagegen ein anderer Umstand war es, der Besorgnisse einflößte, nämlich der, daß die Sparkassenbeamten während des Krieges durch die Geschäfte der Sparkassen selbst und durch die Geschäfte der Kriegsanleihen außerordentlich in Anspruch genommen sind. Die Leistungen der Sparkassenbeamten werden seitens des Ministeriums voll und ganz anerkannt, sie haben viel geleistet, sie haben sich aufopfernd in den Dienst des Vaterlandes gestellt; die Anerkennung, die ihnen hierwegen gebührt, soll den Sparkassenbeamten voll zuteil werden. Die außerordentliche Inanspruchnahme der Sparkassenbeamten beweist die Besorgnis, ob es möglich sei, trotz dieser Geschäftslast noch die Einführung des Giroverkehrs den Sparkassenbeamten zuzumuten. Hierüber wollten wir, ehe die Konstituierung des Verbandes angeordnet wird, die Ansicht der Beteiligten hören.

Denn meine Herren, so viel steht unbedingt fest, daß das Gedeihen des Giroverkehrs abhängig ist von der Tätigkeit der Sparkassenbeamten. Wenn sich die Sparkassenbeamten der Sache nicht mit voller Kraft annehmen, dann wird auch daraus nicht viel werden. Nun fragt es sich, ob sich die Sparkassenbeamten jetzt in dieser Zeit dieser Aufgabe noch unterziehen können und wollen. Sie haben vorhin schon aus Ausführungen von Vertretern einzelner Sparkassen entnommen, daß die Sparkassenbeamten, wenigstens die, die bis jetzt zum Wort gekommen sind, es als eine vaterländische Aufgabe ansehen, sich trotz ihrer übrigen Geschäftslast dem neuen Geschäftszweig zu widmen. Das ist ein erfreulicher Standpunkt, meine Herren, und auch ich glaube, daß es möglich sein sollte, noch während des Krieges mit der Einführung des Giroverbandes Ernst zu machen. Auch ich glaube, daß man vielfach bezüglich der Geschäfte zu schwarz sieht, daß es sich nicht um so große Belastungen der einzelnen Beamten handeln wird. Nicht bloß die Erwägung, daß wohl der Giroverkehr am Anfang nicht sehr lebhaft sich gestalten wird, sondern auch der Umstand, daß gerade bei dem Giroverkehr viel mit Formularien gearbeitet wird, daß der Verkehr selbst sich auf die einfachste Weise vollzieht, daß verhältnismäßig wenig Beamte auch bei der Zentrale notwendig sind, um den ganzen Verkehr für das Land zu bewältigen — ich glaube, diese Umstände sprechen doch dafür, daß die Sparkassen mit der Einführung des Giroverkehrs auch während des Krieges noch beginnen sollten. Wenn es sich nicht um eine vaterländische Aufgabe handeln würde, dann, meine Herren, würde man mit dieser neuen Sache jetzt nicht an die Sparkassen herantreten. Aber ich glaube, daß die Sparkassenbeamten dieses Opfer noch auf sich nehmen sollten im Interesse des Vaterlandes, im Interesse der guten Sache, die auch noch nach dem Kriege von großer Bedeutung sein wird. Meine Herren, wenn Sie daran denken, wie jetzt überall, in Broschüren, in der Presse, in Fachzeitungen, Propaganda für den Giroverkehr gemacht wird, so glaube ich, ist jetzt gerade der günstigste Zeitpunkt, um den Giroverkehr in weiteren Kreisen populär zu machen. Ehe das Ministerium indessen eine bestimmte Stellung wegen des Zeitpunkts des Inslebentretens des Giroverbandes einnimmt, wäre es, wie der Herr Vorsitzende schon bemerkt hat, durchaus erwünscht, die Stimmung und Auffassung der beteiligten Sparkassen hierüber kennen zu lernen."

Vorsitzender: Wir haben im Vorstand die Frage behandelt und zwar auch in Anwesenheit des Herrn Ministerialrats Dr. Michel. Es war am 11. April d. J. Damals haben wir uns einmütig dafür ausgesprochen, der Generalversammlung als Zeitpunkt für die Einführung des Giroverkehrs den 1. November 1916 vorzuschlagen. Die Stadt Stuttgart will, wenn irgend möglich, auf den 1. oder 15. September den Giroverkehr einführen, auch die Stadt Ulm hat die Absicht, auf einen ähnlichen Termin dem Stuttgarter Vorgang zu folgen. Hienach wird es möglich sein, daß sich diejenigen Herren, die sich noch nicht genügend mit der Sache vertraut gemacht haben, in Württemberg informieren können. Und wenn der eine oder andere noch weiteren Unterricht für nötig hält, so sind in Nürnberg, Wiesbaden, Dresden, Hannover usw. solche Einrichtungen zu sehen. Darüber müßte der einzelne Bezirksrat befinden, in welcher Weise er die Einführung des einzelnen Beamten in die Sache bewerkstelligen will. Aber bis zum 1. November sollte es durchgeführt werden können, natürlich, wie ich nochmals betone, unter Heranziehung aller derjenigen Hilfskräfte, die nötig sind. Ich bin mir vollständig klar darüber, daß wir schwerlich fachmännische Leute finden, aber wir müssen die Lücken, so gut es geht, ausfüllen und zwar auch durch weibliche Kräfte. Ich möchte also vorschlagen, daß wir den 1. November in Betracht ziehen, und hoffe und wünsche, daß unsere Beamten, die in der Tat in außerordentlich starkem Maße in Anspruch genommen sind, aus dem Geiste heraus, der heute schon wiederholt betont worden ist, auch diese weitere große vaterländische Arbeit auf sich nehmen."

Am 3. August 1916 ist der Gründungsakt in Stuttgart vollzogen worden; von den 70 württembergischen Sparkassen haben sich bis jetzt mehr als zwei Drittel dem neuen Giroverband angeschlossen.

Die Satzung und Geschäftsordnung des württembergischen Giroverbandes haben folgenden Wortlaut:

A. Satzung des württembergischen Giroverbands.

§ 1.

Unter der Bezeichnung „Württembergischer Giroverband" vereinigen sich die in § 2 genannten Bezirke zu einem körperschaftlichen Bezirksverband (Art. 92 der Bezirksordnung).

Der Verband bezweckt die Einrichtung eines Giroverkehrs unter den Verbandsmitgliedern und mit anderen öffentlichen Anstalten.

§ 2.

Dem Verband gehören als Mitglieder an:

Die Amtskörperschaft . . . . usw.

Die übrigen Amtskörperschaften können mit Genehmigung des Verbandsvorstands und des Ministeriums des Innern dem Verband als Mitglieder beitreten. Ist zur Zeit des Beitritts einer weiteren Amtskörperschaft eine Sicherheitsrücklage vorhanden, so hat die beitretende Amtskörperschaft einen entsprechenden, von dem Verbandsvorstand festzusetzenden Betrag in diese Rücklage einzuzahlen.

§ 3.

Die Zugehörigkeit zum Verband berechtigt einerseits zur Benützung aller vom Verband getroffenen Einrichtungen und zur Teilnahme an dem erzielten Gewinn und verpflichtet andererseits zur anteiligen Tragung der durch die Geschäftsführung erwachsenden Kosten und zur Übernahme anteiliger Haftung für die Verbindlichkeiten des Verbandes.

§ 4.

Zur Ausführung des Verbandszwecks errichtet der Verband an seinem Sitze (§ 8) eine Geschäftsstelle, welche die Bezeichnung „Zentralstelle des Württembergischen Giroverbands" führt.

Über die Leitung der Zentralstelle und die ihr beizugebenden Hilfskräfte beschließt der Verbandsvorstand, der den Geschäftsführer derselben mit entsprechender Vollmacht versehen kann.

Die Kassengeschäfte der Zentrale werden von dem Verbandsvorstand einer Verbandssparkasse oder einer Bank übertragen.

§ 5.

Das Geschäftsjahr fällt mit dem Kalenderjahr zusammen.

§ 6.

Die Zentralstelle hat jährlich innerhalb 3 Monaten nach Schluß des Geschäftsjahrs Rechnung zu legen und einen schriftlichen Geschäftsbericht zu erstatten. Der Verbandsvorstand hat die Rechnung durch einen beeidigten Sachverständigen prüfen zu lassen und sie selbst einer Durchsicht zu unterziehen. Hierauf ist die Rechnung mit den Prüfungsbemerkungen und dem Geschäftsbericht der Verbandsversammlung zur Beschlußfassung zu übergeben.

§ 7.

Der nach Deckung der Unkosten verbleibende Überschuß wird zur Ansammlung einer Sicherheitsrücklage verwendet, bis diese das Zehnfache der in den letzten 10 Jahren durchschnittlich erwachsenen Verbandsunkosten erreicht hat.

Solange die so gebildete Rücklage diese Höhe behält, kann ein weiterer Überschuß durch Beschluß der Verbandsversammlung unter die Verbandsmitglieder nach Verhältnis der Zinsen des Geschäftsjahrs aus ihrem Guthaben bei der Zentrale verteilt werden. Guthaben unter 3000 Mark werden nicht berücksichtigt. Die Tagessalden werden nach unten auf volle Tausend abgerundet.

Bei Umlagen des Verbands wird der auf die einzelnen Mitglieder entfallende Betrag in der Weise festgestellt, daß der einen Hälfte der Bestand des Sparguthabens bei ihren Sparkassen auf Schluß des vorangegangenen Geschäftsjahres, der andern Hälfte die Zahl der im vorhergegangenen Geschäftsjahr durch die Zentrale gelaufenen Anweisungen zugrunde gelegt wird.

Zur Deckung der Unkosten des ersten Geschäftsjahres hat jedes Verbandsmitglied nach Verhältnis des Gesamtguthabens der Sparer seiner Sparkasse beizutragen.

Bei Berechnung der Sparguthaben (Abs. 3 u. 4) werden begonnene Millionen voll gerechnet.

§ 8.

Sitz der Verbandsvertretung ist Stuttgart.

§ 9.

Verbands-Organe sind:

a) die Verbandsversammlung,
b) der Verbandsvorstand,
c) der Verbandsvorsteher.

§ 10.

Die Verbandsversammlung besteht aus je einem Abgeordneten der dem Verband als Mitglieder angehörenden Körperschaften, welche nebst je zwei Stellvertretern von den Amtsversammlungen auf die Dauer der Wahlperiode der jeweiligen Amtsversammlung höchstens auf drei Jahre gewählt werden. Bezüglich der Vertreter der Stadt Stuttgart findet Art. 91 Abs. 1, Satz 1 der Bez.-Ordnung Anwendung. Wählbar sind die Mitglieder der Amtsversammlung, des Bezirksrats und die Amtskörperschaftsbeamten, in Stuttgart die Mitglieder der Gemeindekollegien und die Gemeindebeamten. Die Wirksamkeit der Wahl erstreckt sich bis zum Zusammentritt der Amtsversammlung, in welcher die Erneuerungswahl vorgenommen wird.

§ 11.

Vorsitzender der Verbandsversammlung ist der Verbandsvorsteher.

Die Verbandsversammlung wird vom Verbandsvorsteher auf Anweisung des Vorstands berufen. Die Berufung erfolgt, so oft es das Bedürfnis erfordert, mindestens aber jährlich einmal; sie muß berufen werden, wenn dies von mindestens einem Drittel ihrer Mitglieder beantragt wird.

Die Verbandsversammlung ist beschlußfähig, wenn außer dem Vorsitzenden mehr als die Hälfte der Mitglieder anwesend ist; sie beschließt mit einfacher Stimmenmehrheit. Der Vorsitzende hat bei Stimmengleichheit die entscheidende Stimme; im übrigen kommt ihm ein Stimmrecht nicht zu. Die Abstimmung geschieht mündlich, wenn nicht für den einzelnen Fall geheime Abstimmung beschlossen wird.

Weniger wichtige Angelegenheiten können, wenn kein Mitglied widerspricht, mittels Rundschreibens zur Abstimmung gebracht werden.

Die Wahlen erfolgen mittels schriftlicher, geheimer Abstimmung nach der verhältnismäßigen Mehrheit; sie können durch Zuruf erfolgen, wenn kein Mitglied widerspricht.

Dem Vorsitzenden steht bei Wahlen gleichfalls eine Stimme zu. Im Falle der Stimmengleichheit entscheidet das Los.

Über die Verhandlungen ist ein Protokoll zu führen, das von dem Vorsitzenden und dem Schriftführer zu unterzeichnen ist.

§ 12.

Der Verbandsversammlung kommt außer der ihr durch die Satzung besonders zugewiesenen Angelegenheiten, unbeschadet der nach außenhin unbeschränkten Vertretungsbefugnis des Verbandsvorstands, zu:

1. Die Verwendung des Verbandsvermögens, soweit nicht die Satzung darüber bestimmt;
2. die Aufnahme von Anleihen;
3. die Belastung der Mitglieder durch besondere Umlagen;
4. Vereinbarungen mit anderen öffentlichen Anstalten wegen Einbeziehung in den Giroverkehr, soweit diese nicht von ihr dem Verbandsvorstand übertragen werden;
5. die Einsetzung von Ausschüssen und Kommissionen.

Die Beschlußfassung zu 2 und 3 bedarf der Genehmigung der Aufsichtsbehörde.

Die Verbandsversammlung ist befugt, alle Verbandsangelegenheiten ihrer Zuständigkeit zu unterstellen.

§ 13.

Der Verbandsvorstand besteht aus 9 Mitgliedern, die nebst je einem Stellvertreter von der Verbandsversammlung aus ihrer Mitte auf die Dauer ihrer Wahl in die Verbandsversammlung gewählt werden.

§ 14.

Der Verbandsvorsteher und dessen Stellvertreter werden auf die Dauer der Zugehörigkeit zur Verbandsversammlung von derselben aus der Mitte der gewählten Mitglieder des Verbandsvorstands gewählt. Der Verbandsvorsteher ist Vorsitzender des Verbandsvorstands und der Verbandsversammlung.

§ 15.

Der Verbandsvorstand wird von dem Verbandsvorsteher berufen. Die Berufung hat in der Regel unter Mitteilung einer Tagesordnung so rechtzeitig zu erfolgen, daß sie wenigstens sieben Tage vorher in die Hände der Vorstandsmitglieder gelangt.

Der Verbandsvorstand ist bei Anwesenheit von wenigstens 5 Mitgliedern beschlußfähig.

Für den Geschäftsgang gelten die Bestimmungen des § 11.

§ 16.

Der Verbandsvorstand hat alle Angelegenheiten des Verbands zu verwalten, soweit deren Erledigung nicht durch die Satzung oder durch die Beschlußfassung der Verbandsversammlung der letzteren selbst vorbehalten oder besonderen Ausschüssen oder Kommissionen überwiesen ist. Insbesondere kommt ihm zu, die gerichtliche und außergerichtliche Vertretung des Verbands unmittelbar oder durch Bevollmächtigte; die Anstellung von Beamten; die Erlassung von Dienstanweisungen für dieselben; die Vorbereitung der Verhandlungen der Verbandsversammlungen; die Erlassung der erforderlichen Bestimmungen für die Teilnehmer am Verkehr des Giroverbands.

§ 17.

Der Verbandsvorsteher vollzieht im Auftrag des Verbandsvorstands die den Verband verpflichtenden Erklärungen. Er übt die Dienstaufsicht über die Beamten des Verbands aus und überwacht die Geschäftsführung.

§ 18.

Die im Giroverkehr des Verbands sich sammelnden verfügbaren Gelder und die Sicherheitsrücklage sind mündelsicher und in möglichst flüssigen Werten anzulegen.

§ 19.

Der Verband kann nur mit Zustimmung der Amtsversammlungen sämtlicher, dem Verband angehörenden Körperschaften und mit Genehmigung des Ministeriums des Innern wieder aufgelöst werden.

Bei der Auflösung geht das Vermögen an die derzeitigen Mitglieder nach dem im § 7 Abs. 2 bezeichneten Maßstab über.

§ 20.

Jedes Verbandsmitglied hat das Recht, durch Kündigung aus dem Verband auszuscheiden. Die Kündigung hat mindestens 3 Monate vor Schluß des Geschäftsjahres zu erfolgen. Der Austritt erfolgt mit dem Ende des Geschäftsjahres, das auf das Geschäftsjahr, in dem die Kündigung ausgesprochen ist, folgt. Zur Wirksamkeit des Austritts ist die Genehmigung des Ministeriums des Innern erforderlich. Ist infolge des Austritts der übrigen Verbandsmitglieder aus dem Verband nur noch ein Mitglied vorhanden, so gilt der Verband als aufgelöst.

Die ausscheidenden Mitglieder haften für die bis zu ihrem Austritt von dem Verband eingegangenen Verpflichtungen; sie haben aber keinen Anspruch auf die Sicherheitsrücklage.

§ 21.

Abänderungen der Satzung bedürfen der Zustimmung der Amtsversammlungen, der Mehrheit der Verbandsmitglieder und, soweit es sich um eine Änderung oder Erweiterung des Verbandszwecks handelt, der Zustimmung sämtlicher dem Verband angehörenden Mitglieder.

Außerdem bedarf jede Abänderung der Satzung der Genehmigung des Ministeriums des Innern.

§ 22.

Gegenwärtige Satzung tritt an dem vom K. Ministerium des Innern bei Genehmigung der Satzung festzusetzenden Tag in Kraft.

B. Geschäftsordnung des württembergischen Giroverbands.

I.

Der Giroverkehr des Württ. Giroverbands wird bewirkt:

1. durch die Verbandsgirokassen.

   Als solche werden die Sparkassen der dem Verband als Mitglieder angehörigen Körperschaften oder durch Vertrag angeschlossenen öffentlichen Anstalten tätig.

2. durch die Zentrale des Württ. Giroverbands in Stuttgart, welche den Verkehr aller Verbandsgirokassen in der Weise vermittelt, daß jede Verbandsgirokasse nur durch die Zentrale mit den anderen Verbandsgirokassen verkehrt. Die Zentrale ist die Geschäftsstelle des Verbandes; an sie sind alle im Giroverkehr eingehenden Gelder abzuführen.

II.

Die Verbandsgirokassen stehen unter der Leitung der Körperschaften oder Anstalten, welche die Träger der Vermögensrechte und der Vermögenspflichten sind und denen auch die Haftung rechtlich obliegt. Die Zentrale steht unter der Leitung des Verbandsvorstands.

Die Verbandsgirokassen zeichnen:

„Orts-Girokasse der $\frac{\text{Städt. Sparkasse Ulm}}{\text{Oberamts-Sparkasse Ulm.}}$"

Die Zentrale des Verbands zeichnet:

„Zentrale des Württ. Giroverbands",

im Kassenverkehr:

„Kassenstelle des Württ. Giroverbands".

Die Kosten des Bezirks- und des Ortsgiroverkehrs tragen die Verbandsgirokassen. Die Kosten des Fernverkehrs fallen dem Verbande zur Last.

III.

Der Verbandsvorstand wie die Zentrale stehen den Verbandsgirokassen auf Anruf beratend zur Seite. Der Verbandsvorstand hat das Recht, durch Revisionen den Giroverkehr der einzelnen Verbandskassen zu überwachen. Die Revisionsergebnisse sind der betreffenden Körperschaft bezw. Anstalt mitzuteilen. Die etwa erforderlichen Weisungen an ihre Kassen bleiben den letzteren überlassen.

Durch das dem Vorstand vorbehaltene Recht der Revision wird die Befugnis der Verbandsgirokassen, ihre Geschäfte selbständig zu führen, nicht berührt.

Am letzten jeden Monats hat jede Verbandsgirokasse einen Anlage 1. Auszug aus ihrem Tagebuch über ihren Verkehr mit der Zentrale dieser zur Bestätigung mitzuteilen; in der Regel genügt Angabe der Endsumme. Die Zentrale wird täglich jeder Girokasse, deren Anlage 2. Konto sich verändert hat, ihren Saldo mitteilen.

IV.

Die Zentrale hat beim Einlauf der ihr von einer Girokasse zukommenden Giroanweisungen zu prüfen, ob die anweisende Girokasse nicht über den Betrag ihres Guthabens verfügt hat. Ist dieses der Fall, so ist für umgehende Deckung und für Ergänzung des Guthabens auf den Mindestbetrag von 50 Mark Sorge zu tragen.

V.

Zur Aufzeichnung der anfallenden Geschäfte führen:

a) die Girokassen:

1. lose Girokonten, welche die Einlagen, Überweisungen und Anlage 3. Abhebungen enthalten;

die Girokonten sind von den Sparkonten getrennt zu halten.

Anlage 4. 2. ein Kassentagbuch;

Anlage 5. 3. ein Gegenbuch;

Anlage 6. 4. Kontobücher für die Konteninhaber.

b) die Zentrale:

Anlage 7. 1. ein Hauptbuch für den Einlauf und Ausgang der Giroanweisungen;

Anlage 8. 2. Abrechnungskonten für die einzelnen Verbandsgirokassen.

VI.

Für die Teilnehmer am Giroverkehr werden folgende

Bestimmungen

erlassen:

§ 1.

Beitritt zum Verband.

Anlage 9. 1. Zur Teilnahme am Verkehr des Württ. Giroverbands kann jede Privatperson und Handelsfirma, öffentliche Behörde, juristische Person (oder sonstige Vereinigung oder Anstalt) auf ihren Antrag zugelassen werden. Der Antrag ist in der Regel an diejenige Girokasse zu richten, zu deren Bezirk der Antragsteller seinem Wohnsitz nach gehört; er ist schriftlich einzureichen.

2. Der Antrag kann ohne Angabe von Gründen abgelehnt werden.

Anlage 10. 3. Wird der Antrag genehmigt, so wird dem Antragsteller bei der von ihm bezeichneten Girokasse ein Konto eröffnet.

Anlage 11/12. 4. Jede Girokasse wird die Eröffnung wie das Erlöschen von Konten der Zentralstelle anzeigen.

Die Zentralstelle wird nach Bedarf ein Verzeichnis sämtlicher Teilnehmer herstellen und zum Selbstkostenpreise abgeben.

5. An Stelle des Zulassungsantrags tritt bei Reichs-, Staats- und Kommunalbehörden die Anzeige, am Giroverkehr des Verbands teilzunehmen.

§ 2.

Stammeinlage, Konto, Guthaben.

1. Auf jedes Konto muß eine Stammeinlage von mindestens 10 Mark einbezahlt werden. Die Festsetzung des Betrags erfolgt durch die Girokasse.

2. Der Kunde kann über sein Guthaben, soweit es die Stammeinlage übersteigt, in beliebigen Teilbeträgen jederzeit verfügen und zwar:

a) durch Überweisung auf ein anderes Girokonto, sei es auf ein Girokonto der kontoführenden, oder einer anderen Girokasse des Verbands, sei es auf ein Girokonto einer außerhalb des Verbandes stehenden, mit der Zentralstelle oder einer Girokasse im Giroverkehr befindlichen Anstalt.

b) durch Überweisung an eine Girokasse mit dem Auftrag der Barauszahlung an einen Nichtkunden.

c) durch Barabhebung.

3. Die Höhe des Guthabens eines Kontos unterliegt keiner Beschränkung.

Der gesamte Giroverkehr wird gebühren- und spesenfrei ausgeführt (vergl. jedoch § 5 Absatz 2).

Die Girogelder werden kostenlos verwaltet.

§ 3.

Erlöschen des Kontos.

1. Wünscht ein Kontoinhaber aus dem Giroverkehr auszuscheiden, so hat er diesen Entschluß schriftlich der Girokasse mitzuteilen. Sein Gesamtguthaben wird ihm dann binnen einer Woche nach Eingang der Erklärung ausbezahlt.

Andererseits kann dem Kontoinhaber im Falle einer mißbräuchlichen Benutzung des Kontos durch ihn das Konto, fristlos, schriftlich gekündigt werden.

2. Das Recht des Kontoinhabers, während der Kündigungsfrist über sein Guthaben mittels Anweisung zu verfügen, bleibt unbenommen.

3. Vor der Rückzahlung des Guthabens hat der Kunde sämtliche unbenützte Formulare zurückzugeben.

§ 4.

Einzahlungen.

1. Einzahlungen können bewirkt werden, in barem Gelde (und Geldeswert) oder durch Gutschrift im Überweisungsverkehr.

Einzahlung durch Postanweisungen und Postscheck ist zulässig. Zur Aufgabe einer Überweisung sind die Anweisungsformulare des Verbands zu benützen. (Vergl. § 8.)

2. Bareinzahlungen auf ein Konto können sowohl vom Kontoinhaber selbst, als auch von dritten Personen vorgenommen werden, auch wenn diese nicht Teilnehmer am Giroverkehr des Verbandes sind.

3. Die Bareinzahlung durch eine dritte Person erfolgt durch Postanweisung oder Postscheck an diejenige Girokasse, die das Konto des Empfängers führt, oder durch Lieferscheine an jede beliebige Girokasse.

Anlage 13. 4. Hat ein Einzahler Sparkonto bei einer dem Giroverband angehörigen Sparkasse, bei welcher eine Girokasse errichtet ist, so vermittelt die Sparkasse auf Antrag Bareinzahlungen ab Sparkonto im Giroverkehr, und zwar sowohl des Kunden auf sein eigenes Girokonto gegen Vorlage des Sparbuchs und sofern der Einzahler ein Girokontobuch besitzt, das letztere, als auch des nicht Giro-Kunden auf das Girokonto eines Kunden gegen Lieferschein und Vorlegung des Sparbuchs.

5. Von jeder Bareinzahlung eines Dritten und jeder Zuweisung erhält der Empfänger gutschriftliche Anzeige.

§ 5.

Auszahlungen.

1. Die Auszahlungen im Giroverkehr können bewirkt werden in barem Gelde oder durch Gutschrift im Überweisungsverkehr.

2. Barabhebungen von dem Konto sind gegen Empfangsbescheinigung zulässig.

Anträge auf sofortige Auszahlung sind nur bis zum Betrage von 1000 Mk. zulässig. Für höhere Summen bedarf es einer vorhergehenden 3tägigen Kündigung. Die Berechtigung des Empfängers zu prüfen ist die Kasse befugt, aber nicht verpflichtet.

3. Hat der Empfänger einer Barauszahlung Sparkonto bei einer dem Verband angehörigen Sparkasse, bei der eine Girokasse des Verbandes errichtet ist, so vermittelt die Girokasse auf Antrag die Überweisung des Betrages auf das Sparkonto, und zwar gegen Vorlegung der gutschriftlichen Anzeige und des Sparbuchs.

Will ein Girokunde eine Barabhebung auf sein Sparkonto überschrieben haben, so vermittelt ebenfalls die Girokasse auf Antrag die Überschreibung gegen Vorlage des Konto- und Sparbuchs.

4. Der Kontoinhaber erhält von jeder Lastschrift auf seinem Konto Nachricht, sofern ein Kontobuch nicht ausgegeben ist.

§ 6.

Kontobuch.

1. Zur Erhaltung der Übersicht über sein Konto erhält jeder Girokunde auf Wunsch ein Kontobuch, das er bei Bareinzahlungen oder Barabhebungen stets, bei Aufgabe von Anweisungen monatlich der Kasse vorzulegen hat, um es mit dem Konto von dieser gleichstellen zu lassen.
2. Das Kontobuch ist kein Inhaberpapier, es darf nicht veräußert oder verpfändet werden.

§ 7.

Abgabe der Unterschriften der verfügungsberechtigten Personen.

1. Mit der Benachrichtigung von der Eröffnung des Kontos erhält der Antragsteller ein Formular zur Abgabe der Unterschriften derjenigen Personen, welche zur Verfügung über sein Guthaben berechtigt sein sollen. Regelmäßig erfolgt nur Aushändigung an den Antragsteller persönlich oder Übersendung durch eingeschriebenen Brief „eigenhändig". Anlage 14.

   Der Antragsteller ist verpflichtet, dieses Formular bis zur Rückgabe, die persönlich oder mittels notariell beglaubigter Erklärung zu erfolgen hat, sorgfältig zu verwahren.

   Alle Nachteile, die dadurch entstehen, daß das Formular von einem anderen als dem Antragsteller wider sein Wissen und Wollen benützt wird, hat der Antragsteller zu tragen.
2. Tritt eine Veränderung in der Verfügungsberechtigung ein, so hat der Kontoinhaber dies sofort der Kasse anzuzeigen und um Übersendung neuer Formulare zur Abgabe der Unterschriften der Personen, die zur Verfügung über sein Guthaben berechtigt sein sollen, zu bitten. Die Bestimmungen des Absatzes 1 finden Anwendung.

   Bis zum Eingange der Anzeige bleiben die bisherigen Unterschriften für den Kontoinhaber verbindlich.

§ 8.

Anweisungen.

1. Zur Anweisung dürfen nur die Formulare benützt werden, welche nach dem einheitlichen Muster hergestellt sind. Anlagen 15/17.

   Die Formulare werden mit der Kontonummer des Kunden

versehen, in Heften von 25 Stück durch die Girokasse unentgeltlich an die Kunden gegen Quittung ausgegeben.

Regelmäßig erfolgt nur Aushändigung der Hefte an den Kunden persönlich oder Übersendung durch eingeschriebenen Brief „Eigenhändig".

2. Der Kunde trägt alle Folgen und Nachteile, die aus dem Verlust oder sonstigen Abhandenkommen der Anweisungsformulare entstehen. Er hat daher für ihre gute Aufbewahrung Sorge zu tragen, und im Falle des Abhandenkommens sofort der sein Konto führenden Girokasse Anzeige zu machen.

   Verdorbene Formulare sind zu durchstreichen und an die Girokasse, welche sie abgegeben hat, zurückzuliefern.

3. Ein jeder Kunde kann Anweisungen nur über Beträge ausstellen, die innerhalb seines verfügbaren Guthabens gelegen sind.

   Verfügt ein Kunde über mehr, als sein verfügbares Guthaben beträgt, so lehnt die Girokasse die Zahlung ab und kann ihm das Konto ohne Frist aufkündigen.

4. Den Girokassen steht es frei, von öffentlichen Behörden Anweisungen (ohne Barauszahlung) auch über das verfügbare Guthaben hinaus anzunehmen.

5. Ein jeder Kunde kann zugunsten der sein Konto führenden Girokasse ein Sparbuch in beliebigem Betrage hinterlegen, mit der Bestimmung, daß die Girokasse im Falle der Überziehung seines Guthabens sich aus diesem Sparguthaben zu decken hat.

6. Der Aussteller einer Anweisung kann diese zurücknehmen, solange die Gutschrift auf dem Konto des Empfängers nicht gebucht ist. Für jede zurückgezogene Anweisung wird eine Gebühr von 50 Pfg. erhoben.

   Die Ausstellung der Anweisungsformulare hat von den Kontoinhabern zu geschehen und zwar mit Tinte, Kopierstift, Maschinenschrift oder Druck. Die Anweisung muß enthalten: Angabe des Orts, Tages und Jahres der Ausstellung, die Angabe der angewiesenen Geldsumme und des Empfängers, sowie die Unterschrift des Ausstellers oder einer verfügungsberechtigten Person mit Namen oder Firma.

   Die Anweisungen müssen in der Nummernfolge zur Verwendung kommen.

7. Anweisungen, an denen Radierungen oder Änderungen vorgenommen sind, oder welche Zusätze enthalten, die nicht dem

Formularvordruck entsprechen, oder welche einen ungenauen oder undeutlichen Inhalt aufweisen, werden zurückgewiesen.

8. Der Kunde trägt alle Folgen und Nachteile, die dadurch entstehen, daß die Anweisungsformulare von unbefugten Dritten ausgefüllt werden, sowie auch dafür, daß die in den Anweisungsformularen offen gelassenen Stellen in einer die Fälschung nicht ausschließenden Weise ausgefüllt werden.
9. Die Girokasse ist zur Prüfung der eingehenden Anweisungen auf Echtheit der Unterschriften zwar berechtigt, aber nicht verpflichtet.

§ 9.

Lieferscheine.

1. Als Lieferscheine zur Bareinzahlung durch Nichtkunden werden die Anweisungsformulare des Giroverbands mit entsprechend verändertem Text benützt. Die Formulare werden von der Girokasse unentgeltlich ausgegeben.

   Wünscht ein Kunde Lieferscheine zum Verkehr mit Nicht-Girokunden mit dem Vordruck seines Namens, Wohnorts und seiner Kontonummer zu verwenden, so hat er deren Herstellung zu beantragen. Die Abgabe erfolgt zum Selbstkostenpreis in Heften von 50 Stück.
2. Für die Ausstellung der Lieferscheine gelten die gleichen Vorschriften wie für die Ausstellung der Anweisungen.

§ 10.

Haftung. Verjährung.

Für die Ausführung aller Aufträge im Giroverkehr des Verbandes haftet dem Kunden gegenüber die sein Konto führende Girokasse.

Alle die Ausführung eines Giroauftrages betreffenden Ansprüche der Kunden gegen die Girokasse verjähren in zwei Jahren.

Die Verjährung beginnt mit dem Schlusse des Jahres, in welchem der Auftrag der Girokasse zugegangen ist.

§ 11.

Wirksamkeit der Bestimmungen. Nachträge.

1. Bei Eröffnung des Kontos hat sich der Kunde mit den vom Verband für die Teilnahme am Verkehr erlassenen Bestimmungen einverstanden zu erklären.

Die Einverständniserklärung erfolgt gleichzeitig für alle satzungsmäßig zustande gekommenen und verkündeten künftigen Änderungen der Bestimmungen.

2. Die Erklärung erfolgt durch die Unterzeichnung des in § 7 Absatz 1 genannten Formulars, das die Erklärung im Vordruck enthält.

Mit diesem Formular erhält ein jeder Kunde ein Exemplar der Bestimmungen kostenlos übersandt. Ebenso erfolgt die Übersendung der Nachträge kostenlos.

Die vorstehenden Bestimmungen sind der durch Beschluß des Württ. Giroverbands vom 4. Oktober 1916 festgestellten Geschäftsordnung entnommen.

Anlage 1

Girokasse der ______Sparkasse______. Monat______ 191__.

Tag	Konto *No.*	Name	Eingang				Ausgang			
			bar		Zuweisung		bar		Überweisung	
			ℳ	₰	ℳ	₰	ℳ	₰	ℳ	₰

Anlage 2

Württ. Giroverband.

Wir buchten am 191........

Guthaben / Vorschuß			ℳ	₰
ab:				
........Überweisungen	ℳ	₰		
Barabhebung	"	"		
Guthaben / Vorschuß			"	"
			ℳ	₰
zu:				
........Überweisungen	ℳ	₰		
Barsendung	"	"		
Guthaben / Vorschuß			"	"
			ℳ	₰

Die Zentrale.

An die Girokasse

....

Anlage 2a

Württ. Giroverband

Girokasse der ______________________________ Sparkasse

in ______________________________

Guthaben / Vorschuß am ____________ 191__	ℳ	
Im Monat ____________		
Barsendungen ____________ ℳ ____ ₰		
Überweisungen ____________ " ____ "		
Se.		
Ab:		
Barabhebungen ____________ ℳ ____ ₰		
Überweisungen ____________ " ____ "		
Guthaben / Vorschuß am ____________ 191__		

Anlage 3

*No.*____________

____

____

____

Vormerkungen: ______________________________

____

Datum Monat	Datum Tag	ab und zu	Betrag ℳ	Betrag ₰	An-weisg. No.	Datum Monat	Datum Tag	ab und zu	Betrag ℳ	Betrag ₰	An-weisg. No.
191...						191__	Über	trag			

*No.*________

Anlage 4

....

Tag	Konto No.	Name	Eingang				Ausgang			
			bar		Zuweisung		bar		Überweisung	
			ℳ	₰	ℳ	₰	ℳ	₰	ℳ	₰

Anlage 5

....

ag	Konto No.	Name	Eingang				Ausgang			
			bar		Zuweisung		bar		Überweisung	
			ℳ	₰	ℳ	₰	ℳ	₰	ℳ	₰

Anlage 6 (Umschlag 1. Seite)

Sparkasse

Konto=Buch

der

Ortsgirokasse

Konto *No.*

für

Kassenstunden: Vorm.
Nachm.
Samstags

(Umschlag 2. Seite)

Zur gefl. Beachtung.

1) Dieses Buch dient nur zur Übersicht über das Guthaben des Kontoinhabers; es ist bei **Bareinzahlungen** und bei **Barabhebungen**, sowie bei Übertragungen von Sparkonto auf Girokonto und umgekehrt **stets**, bei Übergabe von Giroanweisungen an die Girokasse tunlichst oft, mindestens aber **zwischen 10.—25. jeden Monats** der Girokasse vorzulegen.
2) Das Kontobuch ist kein Inhaberpapier; es darf nicht veräußert oder verpfändet werden.
3) Empfangsbescheinigungen der Girokasse sind nur gültig, wenn sie von 2 Beamten unterzeichnet sind.
4) Die Girokasse ist zwar berechtigt, aber nicht verpflichtet, zu prüfen, ob der Vorzeiger dieses Buches der rechtmäßige Besitzer ist.

Vereinbarte Höhe der Stammeinlage:

Mark

(Einlageblätter)

Konto *No.*

Tag	Bezeichnung	Gut- schriften	Last- schriften	Betrag M	Betrag Pf	Unterschriften Kassier	Unterschriften Kontrolleur
191__							

Anlage 7

Monat ________________ 191__.

Laufende No.	Datum		von	nach	Betrag	
	Monat	Tag			M	Pf
				Übertrag		

Anlage 8

*No.*__________

Girokasse der ____________________________ Sparkasse

Tag 191__	Gut- schriften	Last- schriften	Bar oder Überweisung	Betrag		Zinsen		
				M	Pf	Tage	Betrag M	Betrag Pf
		Übertrag						

*No.*__________

Anlage 9

____________________, den ________________ 191__.

An

die **Girokasse**

____

Ich beantrage, mich am Verkehr des Württ. Giroverbandes teilnehmen zu lassen und mir bei der Girokasse ____________________ ein Konto zu eröffnen. Die Bestimmungen für die Teilnehmer am Verkehr des Württ. Giroverbands sind mir bekannt. Mit diesen Bestimmungen erkläre ich mich einverstanden.

____________ M. als Stammeinlage

habe ich heute einbezahlt
werde ich in den nächsten Tagen einzahlen.

Name (Rufname unterstreichen):

____

____

Stand oder Beruf:

____

Wohnung (Straße und Hausnummer):

____

Anlage 10

______________, den ______________ 191__.

An ______________________

____

Ihrem Antrag vom ______________ 191__ entsprechend sind Sie zur Teilnahme am Verkehr des Württ. Giroverbandes zugelassen und ist Ihnen bei der unterzeichneten Girokasse ein Konto unter der Nr. ________ eröffnet worden.

Sie werden nun ersucht, uns auf dem angeschlossenen Formular zu bezeichnen, wer außer Ihnen zur Verfügung über Ihr Guthaben berechtigt sein soll. Ihre Unterschrift, sowie die Unterschriften der übrigen Verfügungsberechtigten sind entweder vor uns abzugeben, oder öffentlich beglaubigen zu lassen.

Girokasse ______________________

Anlage 11

______________, den ______________ 191__.

An die

Zentrale des Württ. Giroverbandes

Stuttgart.

Zur Teilnahme am Verkehr des Württ. Giroverbandes sind bei uns zugelassen worden:

Name:	unter Konto
______________________	Nr. ________
______________________	" ________
______________________	" ________

Girokasse ______________________

Anlage 12

____________, den ____________ 191__.

An die

Zentrale des Württ. Giroverbandes

Stuttgart.

____

hat seinen Konto Nr. ________ bei uns aufgegeben und auf Teilnahme am Giroverkehr verzichtet.

Girokasse ____________

Anlage 13

____________, den ____________ 191__.

An die

____________ **Sparkasse**

Von meinem Guthaben auf Sparbuch Nr. ________
bitte ich den Betrag von

Mk. Pf. — . :

meinem Konto Nr. ________ bei der Girokasse ________
zu überweisen.

Das Sparbuch — liegt bei — ist dort in Verwahrung.

____

Paßwort: ____________
Geburtsort: ____________
Hinterlegungsschein Nr. ________

Anlage 13a

_____, den _____ 191__.

An die

_____ **Sparkasse**

Mein/Unser Guthaben auf Sparbuch Nr. _____ stelle__ ich/wir im vollen Betrag, oder im Falle der Überziehung meines/unseres Guthabens bei der Girokasse bis zu diesem Betrag zur Verfügung der Ortsgirokasse der _____ Sparkasse in _____ zur Gutschrift auf mein/unser Konto Nr. _____ bei dieser Kasse. Ich/Wir unterwerfe__ mich/uns der Bestimmung des § 8 Ziffer 5 der Bestimmungen des Württ. Giroverbands für die Teilnehmer am Giroverkehr.

Das Sparbuch liegt bei. / ist dort in Verwahrung.

Unterschrift (recht deutlich) _____

Wohnung oder Geschäftslokal _____

Paßwort: _____

Geburtsort: _____

Hinterlegungsschein Nr. _____

Anlage 13b

Vom Einzahler auszufüllen:

Raum für Mitteilungen.

Ich / Wir überweise___ Ihnen hiermit

_______ M _____ Pf

zur Verwendung wie folgt:

____
(Name)

_______, den _______
(Ort) (Datum)

Postkarte

An _______________

Seite 2.

Vom Einzahler auszufüllen:

Zahlschein auf _____ M _____ Pf

(in Buchstaben)

_____ M _____ Pf

zur Gutschrift auf das Konto Nr._____ de_____

_______ bei der Girokasse in _______

(Ort:)_______,

den_______ Einzahler:_______

Gebucht:

Seite 3

Geldeinlieferungsschein

(In Buchstaben)

_____ M _____ Pf

zur Gutschrift auf das Konto Nr._______ de_______

bei der Girokasse_______

Gebucht Kass.-Tageb. S._____

_____, ____./____.191__

_______ Sparkasse

Vom Einzahler auszufüllen:

Vermerk d. Girokasse:

Deutsche Giroverbände (Württ. Giroverband).

Gutschriftsanzeige.

_____ M _____ Pf

haben wir Ihrem Konto

Nr._______

gutgeschrieben.

Vom Einzahler sind nur die Seiten 2 und 3 auszufüllen.

Seite 1.

An die Zentrale zur Vergütung.

(Ort:)_____________, den_______ **Girokasse.**

Seite 4.

Anlage 14

______________, den ________________ 191__.

An

die **Girokasse**

____

Ich habe Kenntnis davon genommen, daß mir bei Ihnen ein Girokonto unter Nr. ____________ eröffnet worden ist.

Zur Verfügung über mein Konto sollen außer mir

1., ____________________

2., ____________________

3., ____________________

berechtigt sein.

Unterschrift:

____

Ich werde zeichnen: ______________________________

______________ wird zeichnen: ______________

______________ " " ______________

______________ " " ______________

5*

Anlage 15

(Vorderseite.)

Württ. Giroverband.

Mitteilung über den Zahlungszweck

______________, d.

Gutschriftsanzeige.

Die überwiesenen

______ M ____ Pf

haben wir Ihrem Konto

gutgeschrieben.
überwiesen.

halten wir zu Ihrer Verfügung.
folgen bei.

Girokasse ______________

den ______________

Württ. Giroverband.

No.

Bankverbindung des Empfängers } ______________ ______ M ____ Pf

Die Girokasse ______________

wolle vergüten

______________ M ____ Pf

an ______________

und dafür belasten mein/unser Konto *No.* ______________

______________,

den ______________ 19 ____

(Rückseite.)

Postkarte.

An

____

____

in ______________

____

Betrag empfangen.

______________, den ______________ 19 ____

Gebucht d. ______ / ______ 19 ____

Anlage 16

Nr. ____

______ M ______ Pf

überwiesen

am ______ / ______ 191__

an ______

Vom Auftraggeber auszufüllen:

Raum für Mitteilungen.

Ich/Wir überweise__ Ihnen hiermit

______ M ______ Pf

zur Verwendung wie folgt:

______
(Name)

______, den ______
(Ort) (Datum)

Postkarte

An ______

Seite 2.

Vom Auftraggeber auszufüllen:

Nr. ____ Giroverbindung des Empfängers ______ ______ M ______ Pf

Die Städtische Sparkasse in ______ wolle

______ M ______ Pf

an ______

zu Lasten meines/unseres Giro-Kontos Nr. ______ vergüten.

(Ort:) ______

den ______ ______
(Unterschrift)

Gebucht:

Seite 3

Deutsche Giroverbände (Württ. Giroverband).

Vom Auftraggeber sind nur die Seiten 2 und 3 auszufüllen.

Gutschriftsanzeige.

______ M ______ Pf

haben wir Ihrem Konto

gutgeschrieben.
überwiesen.
halten wir zu Ihrer Verfügung.

Seite 1.

An die Zentrale zur Vergütung.

(Ort:) ______, den ______ Girokasse.

Betrag erhalten:

______, den ______ 191__

für Baranzahlung.

Seite 4.

Anlage 17

Von der Girokasse ________________ ein Heft mit ______ Anweisungen für mein Konto Nr. ______ erhalten zu haben bescheint.

______________, den ______________ 191__.

t. ______________

Anlage 18

Lieferschein.

Württ. Giroverband.

Durch Überweisung / Mit gleicher Post gehen Ihnen zur Gutschrift auf Konto der Zentrale des Württ. Giroverbandes in bar

______ Mk. ____ Pf.

in Worten: ______________ Mk. ______ Pf.

zu. Empfangsschein erbitten wir zu Händen unserer Zentrale.

______________, den ______________ 191__.

An die
Städtische Sparkasse Stuttgart als Kassenstelle
der Zentrale des Württ. Giroverbandes.

Die Girokasse.

Empfangsschein.

Württ. Giroverband.

Von der Girokasse der ______ Sparkasse ______

______ Mk. ____ Pf.

in Worten: ______________ Mk. ______ Pf.

auf Konto der Zentrale des Württ. Giroverbandes empfangen.

Stuttgart, am ______________ 191__.

Stadtische Sparkasse.

____

Kassierer. Kontrolleur.

Gebucht.

Stuttgart, am ______________ 191__.

Die Zentrale.

Anlage 19

Wir buchten am ____________________

	ℳ	₰
Guthaben / Vorschuß		
Barsendung		
__St. Zuweisungen		
Se.		
ab: Barabhebung		
Guthaben / Vorschuß		

Die Girozentrale des Württ. Giroverbandes

Anlage 20

Konto *No.*____________________

(Name und Adresse des Kontoinhabers)

191__		ℳ	₰
	Guthaben / Vorschuß		
	Bareinzahlungen		
	Zuweisungen		
	Se.		
	Ab:		
	Barabhebungen ________ ℳ ____ ₰		
	Überweisungen ________ " ____ "		
	Guthaben / Vorschuß am ________		

Girokasse der Städt. Sparkasse

Metzger & Wittig, Leipzig.

FSC
www.fsc.org
MIX
Papier | Fördert gute Waldnutzung
FSC® C083411

Kolibri 360 GmbH
Ferdinand-Jühlke-Straße 7
99095 Erfurt, Deutschland
produktsicherheit@kolibri360.de